그대의 흰 손

— 김양희 수필선

현대수필가100인선 II · 20

수필과비평사 · 좋은수필사

그대의 흰 손

― 김양희 수필선

책머리에

수필은 누구나 부담 없이 읽고, 마음만 먹으면 직접 쓸 수도 있는 가장 친근한 문학이다. 다른 영역의 문학이 영상매체에 밀려 신음하고 있는 중에도 수필 인구만은 날로 증가하여 바야흐로 수필 전성시대를 구가하고 있는 이유도 거기에 있을 것이다.

시대적 추세에 힘입어 수많은 수필전문지, 수필동인지가 창간되고, 이에 비례하여 신진 수필가도 날로 늘어나다 보니 이제는 그 많은 작가, 그 많은 작품 중에서 문학성 높은 작품을 가려 읽는 일이 쉽지 않게 되었다. 이런 현상은 작가에게나 독자에게나 결코 바람직한 일이 아니다. 더 나아가서는 수필을 연구하는 후세들에게도 큰 부담이 될 것이다.

이런 문제를 해결하는 데는 출판인도 마땅히 한몫을 감당해야 한다는 평소의 소신에 따라, 본사가 기꺼이 그 역할을 맡기로 했다. 그 첫 번째 사업으로 시대를 대표할 만한 수필가 100인을 선정하고, 작가가 자선한 40편 내외의 작품을 수록한 문고본을 발간하여 이를 널리 보급함으로써 그 소임을 다하고자 한다.

본사는 사명감을 가지고 이 사업을 추진해 나가기로 했다. 작가 선정을 전담할 편집위원회를 구성하고 전권을 위임하여 일체의 사적인 정실이나 청탁을 배제함으로써 전문성과 공정성을 확보해 나갈 것이다.

따라서 이 기획물 속에는 작가의 문학정신뿐만 아니라, 본사의 문학사적 기여 의지와 편집위원 제위의 수필문학에 대한 애정과 문인으로서의 양심이 함께 담겨 있음을 자부한다. 다만, 작가를 선정하는 기준에는 많은 견해의 차이가 있을 수 있고, 선정 과정에서도 미처 챙기지 못한 부분이 있을 것이라는 사실만은 인정하지 않을 수 없다. 이 점에 대해서는 관계자 여러분의 양해 있으시기 바란다.

이 시리즈의 발간 순서는 작가, 또는 본사의 사정에 의한 것일 뿐 그밖의 어떤 기준도 적용하지 않았음을 밝힌다.

본 기획물이 시대를 초월한 많은 수필 애호가들의 관심과 애정 속에 우리나라 수필문학 발전에 한 이정표가 되기를 바랄 뿐이다.

본사에서는 이상과 같은 취지로 《현대수필가 100인선》전 100권을 완간하여 큰 반향을 불러일으킨 바 있다.

그러나 우리 수필문단의 규모나 수필문학의 수준에 비추어 선정 작가를 100인으로 한정하는 것은 형평성이나 효율성 면에서 크게 부족하다는 의견이 많았고, 본사 또한 이를 통감하던 터라 기꺼이 《현대수필가 100인선 Ⅱ》를 발간하기로 했다.

본사의 충정에 찬동하여 출판에 응해주신 저자 여러분께 진심으로 감사한다.

2015년 7월

수필과비평 · 좋은수필 발행인   서정환
현대수필가 100인선 간행 편집위원   박재식 최병호
정진권 강호형
오세윤

책머리에 — **04**

1
황혼의 사랑

집과 사람 — **12**

문 — **16**

쉼표 — **21**

일흔 즈음에 — **25**

손에 관한 명상 — **29**

오천 원 — **33**

마라 강과 가브 강 — **37**

고향 — **41**

인연 — **46**

황혼의 사랑 — **51**

2
서귀포 연가

천의 바람이 되어 — **58**

서귀포 연가 — **62**

선운사 가는 길 — **67**

순명이었을까 — **71**

박수 소리 — **75**

배소의 고독 — **80**

노도에 부는 바람 — **85**

포트딕슨의 밤배 — **89**

보스포르스 해협 그 푸른 물결 — **95**

실종 — **99**

3
사람과 사람

풍경 달다 _정호승 — **106**

풀꽃 안개 _나태주 — **111**

구상 무상 _구상 — **114**

그립습니다 _법정스님 — **119**

불멸의 혼 _안중근 — **124**

마음의 눈 _안드레아 보첼리 — **129**

소리꾼 장사익 _장사익 — **134**

포은의 그림자 _정몽주 — **139**

우리는 헤어지지 않았습니다
_원이 엄마의 편지 — **143**

두향의 매화뜰에서 _기생 두향 — **148**

4
그대의 흰 손

인간의 길, 신의 길 ― **154**
그대의 흰 손 ― **159**
마음의 고향 ― **164**
안리를 위하여 ― **169**
봄날 ― **174**
성모순례지 감곡 ― **178**
빈손 ― **183**
파세정념 ― **188**
나를 찾아 떠난 여행 ― **192**

작가 연보 ― **196**

황혼의 사랑

1

집과 사람
문
쉼표
일흔 즈음에
손에 관한 명상
오천 원
마라 강과 가브 강
고향
인연
황혼의 사랑

집과 사람

 바람이 머문다. 좁은 골목을 돌아 막다른 파란 대문 앞에서 더는 갈 곳이 없나 보다. 돗자리를 깔고 부채질하는 아낙들 옆에서 머문다. 바람은 편한 곳을 찾아 잠시 쉬어갈 모양이다.
 바람이 쉬어가는 곳, 아파트로 이사하기 전에 살던 주택은 막다른 골목의 안집이었다. 동네에선 '나무 많은 집'이라 불렀지만 마당의 좁다란 화단에는 그늘이 많아 식물이 잘 자라지 않았다. 천장만 썰렁하니 높은 거실 평수를 줄이고 마당을 조금 넓혀 정남향으로 설계했다면 아끼던 모란이 쑥쑥 더 잘 자랄 것도 같았다. 이사를 한 것은 그 집에서 스무 번의 김장을 한 후였다.
 건축은 사람의 생활을 담는 그릇이다. 건축의 공간 속에 사람의 삶과 활동이 없다면 한갓 구조물에 불과하다. 땅과 하늘 사이에 건물이 있고 그 건물은 사람의 영혼을 수용하고 역사를 창출

한다. 파란 하늘 높이 우뚝 선 초고층 빌딩 사이로 한 마리 새가 날아가는 모습에서도 사람들은 자유를 구가할 수 있다. 건축과 사람이 하나 되는 영혼의 자유.

도시 이미지를 창출하는 건축사는 시대의 삶과 풍경을 책임지는 사람이다. 사람이 다른 사람에게 자신도 모르게 남기는 흔적, 산다는 일은 어쩌면 서로에게 흔적을 남기는 일이다. 공간과 그리고 풍경, 변화무쌍한 삶에서 시대적 징표를 남기는 일은 다른 예술이 흉내 낼 수 없을 것이다. 사람들은 집을 짓지 않는다. 다만 사고 팔 뿐이다. 투자와 생활공간으로서의 집은 전문가의 손길에서 탄생하는 무형의 자산이다.

집에 가 보면 그 사람의 취향을 알 수 있다. 집 속에 시간, 공간, 삶의 흔적이 배어있기 때문이다. 삶의 가장 기초적인 공간인 집에서의 시간이 편안하다면 그 주인의 삶이 안락할 것이다. 사랑 또한 둘이 함께 집을 지어가는 것이 아닐까. 그런 의미에서 주거공간으로서의 집은 자연친화적이어야 할 것이다.

거창에 있는 친척집을 방문한 적이 있다. 연로하신 그의 부모님이 계신 아래층을 지나 이층 나무계단을 오르자 주홍빛 황토방이 나왔다. 방안에 들어서자 한쪽 벽을 세로로 길게 붙인 유리창 너머로 하늘, 구름, 산이며 나무들이 온통 한눈에 들어왔다. 창이 자연을 담은 액자가 되고 있었다.

경주 양동마을 고가에 가면 마음이 편안해진다. 대청마루에서도 산천경개를 가까이 품고 살았던 조상들의 지혜는 사람도 자연의 일부임을 말하고 있는 것이 아닐까. 현대문명이 아무리 발달하고 높다란 빌딩들이 하늘을 찌른다 해도 이같이 사람과 자연이 하나 되는 건축설계가 있다면 고달픈 삶이 위로받을 수 있을 것이다.

바르셀로나에 있는 가우디의 성당 또한 자연을 매개로 하고 있었다. 직선을 배제하고 곡선을 최대한 살린 건물의 실루엣은 바람이 지나가듯, 물결 소리가 들리는 듯 인간 본성의 선함과 부드러움을 표출한 현대 건축의 백미임을 느낄 수가 있었다. 이같이 훌륭한 건축물에서 사람들은 감동을 받고 그 감동은 삶을 건강하게 만든다.

예술이란 작가의 감각으로 허공의 빈자리를 채워가는 일이다. 흔히들 시詩를 말씀言의 사원寺이라고 하듯이, 건축 또한 삶의 시가 될 수는 없을까. 역사와 시간과 삶이 켜켜이 쌓이는 건축의 공간이 '생존' 만 있음이 아니라 편안히 쉴 수 있는 '생활' 이 함께할 수 있다면 팍팍한 삶이 보다 부드럽게 영위될 수가 있다.

작가들이 언어의 유희로 백지를 채워나가듯, 세상의 빈 곳들이 건축가의 땀이 스민 예술혼으로 채워질 수 있을 때, 우리 사는 세상은 보다 아름다워질 것이다. 사람이 없는 집과, 집이 없는 세상을 상상할 수 있는가.

빈집을 본다. 관념의 틀 사이로 빠져나간 영혼들을 본다. 한 손으로 치맛자락 부여잡고 한 손으로 우산을 든 채 종종걸음으로 집을 나선다. 어디로 향하고 있을까. 오월, 빗소리, 어린 날의 어느 한순간, 생각이 멈춘 유년의 기억. 집은 어디에나 있고 어디에도 없다.

형제들이 포도송이처럼 매달렸던 빈한한 시절에 커다란 집은 꿈이요 이상이었다. 마당 넓은 집을 가진 지진아였던 친구, 가끔씩은 내가 그 집의 외동딸이 되어보기도 했다. 타작마당에선 나날이 탈곡기 소리가 들렸다. 그러나 잠에서 깨어나면 득달같은 현실이 내 앞에 몰려오곤 했다. 새벽은 원하지 않아도 어김없이 나날이 열려왔다.

창호지 사이로 여명이 다가올 때였다. 풀잎에 젖은 바람이 문틈으로 스며들어와 가볍게 푸른 춤을 춘다. 깃털처럼 가볍고 경쾌하게 너울대는 바람처럼 마음의 고요를 일깨워 나도 함께 춤을 춘다. 춤이 흐른다. 관념의 탱고가 레테의 강을 건너간다. 망각의 강물 따라 나는 여기까지 흘러왔구나. 황혼. 그 회색 눈동자.

생을 잠재우는 안식의 공간, 가족들의 화목한 웃음이 있고 이상을 펼쳐나갈 수 있는 여백이 있는 한 그 삶은 무한의 창조를 이어나갈 수 있다. 집이 있어 사람이 있고 사람이 있어 집이 있다.

문

　문門을 열어보니 어머니는 잠들어 있었다. 그게 이승과의 마지막이었다. 세상과의 연緣을 문 하나 사이로 마감한 것이다. 숨지기 전 자식들이 저 문을 열어주기를 엄마는 얼마나 애타게 기다렸을까. 문은 세상과의 소통이요 자신을 열어 보이는 통로였다. 열림은 오는 것이요, 닫힘은 가는 것이다. 열린 문은 닫히게 마련이듯이 온 사람 또한 반드시 가게 마련이다. 그러기에 문은 인생이요 작별이요 또 다른 세상과의 만남이기도 하다.

　그러나 문은 마지막이 아니요 시작이다. 더러는 입시의 문을 통해 청운을 꿈꾸기도 하고, 인과의 연을 통해 배필을 만나기도 하기 때문이다. 일찍이 짝을 만나 생활의 이삭들을 빨리 거두는 이가 있는가 하면 학문이나 환경, 운명 때문에 늦게서야 가정을 꾸리는 이들도 있다. 사람은 제 복을 타고 나는지 어릴 때 부모님은 늘상 '무겁지 않은 복을 지녀라.'고 말씀하시곤 했다. 그러나 그 분복分福이라는 것도 저마다의 그릇이 있어서 보이지 않는 복을 기다린다는 일은 오지 않는 어제를 기다리는 것과도 같은 일이었다.

'삐그덕-' 하고 열리던 곳간의 문은 곡물로 채워진 온갖 생명의 보고였다. 차고 어둑시근한 공간에 들어서면 단지마다 차 있던 쌀, 보리, 찹쌀과 콩이나 겨울이면 말랑하고 달콤한 홍시가 감춰져 있기도 했다. 할머니는 허리춤에다 길쭉한 무쇠 열쇠를 매달아 손자들에게 호기 있게 간식을 나눠주곤 했는데 어머니의 손에 곳간 열쇠가 돌아온 것은 십수 년 인고의 세월이 흐른 후였.

무시로 드나드는 문이지만 열쇠를 잃고 나면 낯선 세상에 선 듯 아득해질 때가 있다. 침묵피정의 수도원에서 어느 날, 내 방의 문이 열리지 않아 난감했던 적이 있었다. 문고리만 쥐면 언제나 호락호락 문이 열릴 줄만 알았던 안일한 생각이 부른 실수였다. 어둡고 긴 복도의 서성임을 통해 세상이 얼마나 낯선 여관방인지 실감한 일이었다. 그러나 세상 시간의 여백을 위해 수도원의 문은 언제나 열려있다. 그늘 없는 믿음과 그 믿음에서 오는 평온이 그리울 때면 가끔씩 침묵피정을 떠나도 좋을 것이다.

사는 일이 절벽에 선 듯 아득해질 때 빛처럼 희망을 준 것은 '한 쪽 문 닫히니, 다른 쪽 문 열린다.'는 이 금언이었다. 나는 이 말을 수첩에 적어 다니며 스스로 뇌에 입력시키곤 했다. 반복 훈련의 과정을 통해 세뇌된 힘과 신념은 운명을 그쪽으로 바꾸어 주었다. 열린 문은 희망이요, 닫힌 문은 절망이다. 어떤 문을 택할 것인가는 스스로가 정할 일이다. 마음의 손잡이는 안에만 달려있어서 남은 열어줄 수 없고 자신만이 열 수가 있기 때문이다.

우리 마음 안에는 네 개의 창이 있다고 한다. 내가 알고 남도 아는 창, 나도 모르고 남도 모르는 창, 나는 아는데 남은 모르는 창, 남은 아는데 나는 모르는 창,

'조 하리의 창'이라는 이 네 개의 창을 통해 우리는 세상을 바라본다고 했다. 창문을 통해 내면을 보고 거울을 통해 외면을 바라본다. 독수리의 눈으로 삶을 바라본다면 세상은 폭 넓게 보일 것이요, 메뚜기의 눈으로 바라보면 근시안적으로밖에 보지 못할 것이다. 나는 곧잘 편협한 생각에 갇혀 스스로를 괴롭힐 적마다 내 안에 있는 메뚜기의 시선을 느끼곤 한다.

인간 심성에서 표출하는 욕구와 분노의 문은 죄와 양심의 사이를 오가는 저울이 되기도 한다. 수행자라 하여 마음에 지옥이 없을 수 없으며, 죄인이라 하여 그 마음에 천국을 꿈꾸지 말란 법도 없을 것이다.

교도소를 방문한 적이 있다. 재소자 문예공모전을 위한 걸음이었다. 교도관이 지키고 선 커다란 철문을 기점으로 담 안과 바깥이 분리되고 있었다. 우리가 준비한 음식이나 상품은 또 다른 문을 통해 검열되는 듯했다. 죄와 벌이 가려지는 곳. 그들은 왜 그곳에 와 있는가. 태어남에 선택이 없듯이 누구도 원해서 거기 온 사람은 없을 것이다. 결손가정, 생활고, 이념, 욕심, 원한, 폭력… 죄

를 잉태하는 이름들은 많지만 사회의 시선은 얼음같이 차갑기만 하다.

그들 가운데 자주 눈이 가는 한 사람이 있었다. 반듯한 이마와 단정한 머리 모양, 흰 피부 때문에 수의는 더 푸르게 보였다. 그는 단상을 지그시 바라보고만 있을 뿐 미동도 하지 않았다. 가끔씩 성가를 따라 부르며 엷게 웃는 듯도 했다. 검은 테 안경 사이로 스치는 지성의 향기, 그 맑은 영혼 어디에도 죄의 구석은 있을 것 같지 않았다. 어떤 단초였을까. 그를 거기 있게 한 것은…. 그 아내와 자녀들의 기다림이 떠올랐다. 그리고는 가족이 함께 하는 단란한 저녁 밥상을 그려보았다.

성가대의 선율은 경쾌하고도 부드러웠다. 입상한 수상자의 자작시 낭송 차례가 왔다. 백발을 머리에 인 그의 목소리는 몹시 떨렸고, 원고를 쥔 앙상한 두 손은 바람결의 촛불처럼 더욱 심하게 떨고 있었다. 가슴속 파도가 풍랑을 타고 요동친다. 쏟아놓은 마음속 오뇌의 덩어리가 한 인간의 깊은 곳을 두드린다. 죄와 위선과 가식이 사라진 순수 인간의 진정성 앞에서 그 시간 담장 안은 더 이상 어두움의 공간이 아니었다.

마음의 문이 열렸을 때는 순한 의지가 함께하지만 닫힌 마음 안에는 세상과의 단절이 있을 뿐이다. 상대방을 이해하고 받아들인다는 일은 나를 내어주는 일이다. 백합이 아무리 아름답다고 해도 바라보는 마음에 향기가 없다면 꽃은 한낱 물상에 지나지 않을 것이다. 재소자 방문의 그날, 내내 나를 사로잡았던 화두는

'세상의 법으로는 그들은 담 안에 있고 우리는 바깥에 있지만 하느님의 법으로는 그 반대일지도 모른다.'는 생각이었다.

생애를 통해 드나들었던 수많은 문. 가볍고 만만해서 쉽게 밀고 나선 문도 있었으나 내 힘으로는 너무 무겁고 버거워 도무지 열리지 않았던 문도 있었다. 세상과의 벽이 너무 높아 두드리지 못한 과욕의 문 또한 있었을 것이다.

하늘의 문은 어디에 있는 것일까. 끝 간 데 없이 무량해서 입구도 출구도 찾을 수 없건만 사람들은 생의 마지막에 서야 할 문이 거기라고 믿고 있다. 담담히 기다렸다가는 속절없이 열리고야 말 문 앞에 서서 하늘을 바라본다.

마지막 문 하나 밀고 들어서면 거기서 어머님이 반겨주실까.

쉼표

 숲 가까이 산다는 일은 나날이 새소리를 가슴에 품고 산다는 일이다. 술을 빚어놓고 그리운 누군가를 기다리는 일이다. 아침에 창을 열고는 장끼가 우는 소리를 기다린다. 까마득한 옹벽 위 잡목과 잡목 사이, 녀석은 새벽을 알리듯 매일 그 자리에서 쉰 목소리로 국구~국구~ 하며 자신의 존재감을 노래한다. 그가 나를 알지 못해도 나는 그의 목소리와 퍼덕이는 날갯짓을 기억하고 있다. 새들이 잠을 자는 곳은 어디일까.
 한나절이 기우는 시각에 능선을 오르게 됐다. 그리 높지 않은 백양산 중턱에는 솔바람 소리가 청정한 기운을 내뿜는다. 혼자서 오르는 산은 혼자 마시는 커피 맛이다. 찻잔 사이로 피어오르는 김처럼 오후의 숲길에 가득한 운무가 휩싸인다. 뒷목에 흐르는 땀을 쓸어 내리며 바람이 쉬어가는 자리, 청풍정淸風亭에 앉아 사람 사는 동네를 내려다본다.

    인생도 십년 주기로 쉼의 자리가 찾아들었다. 그것은 고난의 다른 이름이었다. 승승장구만 한다면 고개 숙이는 일을 모를까 봐 주기적으로 신의 망치가 톡톡 이마를 치고는 달아났다. 맞을 때는 그것이 천애 낭떠러지인 줄 알았는데 돌아서면 또 다른 길이 보이곤 했다. 마침표는 끝을 내는 일이지만 쉼표는 또 다른 것과의 연결을 위해 잠시 숨을 고르는 일이었다.

    대화의 중간에도 적당히 쉬는 일은 생각의 깊이를 더해준다. 혼자서 말하기만 한다면, 또 말없이 듣기만 한다면 무슨 의사소통이 될 것인가. 내가 말할 때, 상대방이 말할 때를 지혜롭게 가린다는 것은 쉬운 듯하지만 어려운 일이다. 많이 말한다고 해서 많이 아는 것은 아닌데도 착각하고 사는 이가 얼마나 많던가. 대화 중에 불쑥 끼어드는 일보다는 충분히 들은 후 여유를 갖고 하는 말은 언중의 깊이를 더해줄 뿐만 아니라 인품마저 돋보이게 할 것이다.

    문장과 문장 사이, 적절한 쉼표의 사용은 전체 지문을 돋보이게 한다. 숨 쉴 겨를도 없이 지루하게 이어지는 만연체의 문장이나, 습관처럼 중복되는 점찍기의 나열은 읽는 이를 곤혹스럽게 해줄 뿐이다. 어떤 잡지를 편집하다 보면 아쉬울 때가 있다. 그분의 글은 참 아름다운 내용이었음에도 부적절한 쉼표의 과용으로 문장을 흐리고 말았다. 그래서 우리말에는 여러 가지 문장부호가 있는지도 모른다.

문학의 행위도 그러하지만 모든 예술의 자체란 삶 속에 있으면서도 동시에 삶을 넘어선 도달할 수 없는 '그 무엇'이다. 무형의 그 무엇을 행해야 하는 예술가들이기에 창작의 고통을 수반한다. 백지 위에 문자를 채워 넣는 그 아득한 목마름의 고뇌를 체험하지 않은 문학가가 어디 있으랴.

우리들의 사랑을 위해서는 이별이 있어야 한다. 맑은 하늘만 지속된다면 소나기의 소중함을 모르듯이, 헤어짐의 서운함이 있어야 만남의 환희도 맛볼 수 있을 것이다. 먼 정거장 손 흔드는 작별의 아픔은 새로운 만남을 잉태한다. 가슴 시린 별리의 감정도 지친 사랑이 쉬어가는 빈 의자이다.

바람이 가라앉아도 잎은 여전히 떨어진다. 앙상한 나뭇가지 밑에서도 뿌리는 숨을 쉬고 있듯이 식물에게도 쉼표가 필요한 것이다. 오랜 호흡이 잠시 숨 고르는 사이, 그것이 탄소동화작용이요 낙엽의 근원이다. 사철 푸르기만 하고 지지 않는 잎이라면, 죽지 않고 계속 태어나기만 하는 인간의 모습과도 같을 것이다. 무엇이든 살아있는 것은 죽어야 한다.

잠의 미학처럼 완벽한 쉼의 이름 또한 없을 것이다. 밤이 있어 잠이 있을까. 잠이 있어 밤이 있을까. 일상의 고된 노정에는 잠과 꿈이 있기에 삶이 영위되고 존속한다. 목숨 하나 믿고 사는 인생에 일만 있고 잠이 없다면 무슨 수로 살아갈 것인가. 수없는 불면의 밤을 뒤채인 사람만이 잠의 고마움을 안다.

밤늦은 시각, 티브이를 보다 스르르 눈이 감긴다. 나는 그때마다 마음으로 뇌이곤 한다. '오, 복된 잠이여.' 하고.

 밥과 잠은 생명의 연장수단이지만 쉬어가는 뜻의 동의어同義語이기도 하다. 밥솥에서 밥물이 푸르르 끓는다고 해서 금방 밥이 되는 것이 아니라 뜸 들이는 시간이 필요하듯, 잠이라는 징검다리를 건너야 하루가 지나간다. 한 그릇의 밥을 위해서도, 하루라는 시간의 잣대를 건너기에도 뜸은 필요하고 뜸은 바로 쉼의 의미를 갖는다. 그래서 쉬어가는 자리는 인생의 전체 의미를 내포하기도 한다.

 시간의 길 위에서 더러는 느긋한 여행을 꿈꾼다. 여행이야말로 삶이 한 박자 쉬어가는 자리. 나를 드러내며 남을 보기도 하는 그 속에서 미처 몰랐던 자아의 현주소를 찾기도 하기에 누구나 여행을 추구하는지도 모른다. 쉼표가 새겨지는 삶의 자리, 마음은 언제나 어디서든 떠나고 싶어 한다.

일흔 즈음에

 눈이 싸목싸목 내리는 겨울밤이었다. 창밖을 내다보던 어머니가 문득 말했다. "내가 언제 칠십이~, 징그럽다." 뜬금없이 내뱉던 그 말이 당시 사십 대였던 나는 생뚱맞기만 했다. 마치 내게는 그런 날이 오지 않을 것처럼. 거짓말이나 눈비음도 없이 순연했던 어머니도 불구유구踰矩의 나이는 낯설었던 모양이었다. 명부에서는 이제 더는 징그러운 일도 없을 테지만. 비로소 그 지점에 이른 나는 요즘 어머니의 그 말을 자주 생각하게 되었다.

 아침에 다짐했던 모임 날짜를 막상 저녁시간에는 잊고 마는 실수는 다반사지만 그런 일로 해서 민망하고 난감한 입장이 점점 늘어나고 있다. 단체에서 연장자들의 그런 불성실이 변명으로만 들렸던 젊은 날엔 약속이란 한결같이 정확해야 한다고만 믿을 뿐이었다. 오래된 추억도 기억에 가물거려 하리망당해질 때가 있으니 그 무엇도 당사자 입장에 처해보지 않고는 알 수 없는 것이 세상일이다.

예순 고개에서 느끼는 일흔 나이의 감성에는 사라져가는 모든 것들의 쓸쓸함이 묻어있다. 이순이 넘고서야 비로소 남은 날이 점점 줄어들고 있다는 것을 실감 했을 때 피어난 한 송이 꽃도 예사롭지 않았다. 붉게 핀 장미를 보며 '저 꽃을 이제 몇 번이나 볼 수 있을까?' 하시던 백발 스승의 심경이 내게로 다가왔다. 칠십이란 나이는 따뜻한 물에 몸을 담그는 편안함만은 아니다.

'즈음'이란 우리말의 어감에는 은근함이 묻어있다. 사전적인 의미로는 일이 어찌 될 어름이라고 하지만 어감의 행간에는 경박하지 않은 노회함과 서두르지 않는 시공간의 여유마저 느낄 수가 있다.

나이 듦은 자연으로 돌아가는 일이요, 그리움 너머에 있는 죽음 또한 외로움이 걸러낸 소산일 것이다.

내 안의 변화를 본 것도 이즈음이었다. 매일 적는 일기에도 그냥 일자만 쓰던 이전의 습관과는 달리 날짜 앞에 꼭꼭 연도를 쓰고 있는 자신을 발견한 것이다. 한 해 한 해 햇수 가는 게 의식됨은 남은 해에 대한 아쉬움의 개념일까. 어쨌든 오늘 아침 일기에도 2014년 모월 모일을 또박또박 적고 있었다.

재벌회장인 정주영이 모 대학에서 강의할 때 '내 재산 전부를 주고 여러분의 이십 대 청춘을 살 수 있다면 사겠다.'고 하던 말을 당시 이십 대였던 나는 이해할 수가 없었다. 젊음은 당연한 것이고 가만히 있어도 찾아온 것이기에 그 중요성을 인식하지 못했던 것이다. 바람처럼 지나가는 것, 지나가면 다시 오지 않는 것, 비로소 인생의 가치를 알게 된 것은 청춘의 나이를 훨씬 비켜나서였다.

어느 날 아침잠에서 깨어나 머리를 빗으며 무심코 거울을 봤다. 거기 낯선 여인이 있었다. 움푹 파인 눈 밑 주름과 다크서클, 귀밑머리엔 할머니들의 전유물인 줄 알았던 검버섯마저 자리 잡고 있는 민낯의 노파가 웃고 있지 않은가. 실상과 허상. 그 순간, 제 얼굴은 보이지 않으니 마음만 믿고 친구들과 카페에서 깔깔대던 어제 일이 생각났다. 이제는 거두어야 할 때, 누렇게 익은 벼이삭처럼 자연의 섭리에 순응하며 겸허히 고개 숙여야 할 일이다.

영혼아파트 한 채를 마련한 것도 일흔 즈음이었다. 남편은 이미 일흔 고개를 넘었으니 지인의 장례식을 계기로 부부는 덤덤하게 하늘공원 봉안당을 찾았다. 생각하면 자신들의 사후를 예비한다는 일이 젊을 때는 아주 먼 나라 얘기였다. 그 먼 나라가 가까운 나라로 여겨짐도 나이가 일러주는 감각이었다. 그것도 아주 담담하게.

며칠 전에는 소풍 삼아 부부가 함께 그 영혼의 집을 다녀왔다. 창 너머로 좌우에 푸른 수목이 우거지고 욕서였으나 통풍이 잘 돼 사후에 머물 장소로는 아늑하고 흡족하게 여겨졌다. 해서 남편에게 물었다. '당신은 어때요?' 하고. 돌아온 답은 '참 허무하다.'였다. 영원히 살 거는 하나도 없는데~. 맑은 날 우산을 준비하듯 건강할 때 미리 앞날을 예비한 것이 남편에게 허무를 안겨준 것일까. 돌아 나오는 길에 나는 남편의 손을 꼭 잡았다.

　사람 일은 참 알 수 없는 것이다. 오랜 세월 모임을 함께했던 지인이 일과 후 집으로 향하던 버스 안에서 갑자기 쓰러졌다. 연락받은 남편이 달려왔을 때 '여보, 나 병원으로……' 한 것이 부부간의 마지막 대화였다. 무심히 스친 수많은 일상들이 사무치게 그리워질 때는 그 일상의 틀이 무너졌을 때이다. 우매한 것이 인간이요, 그래서 인생을 허망하다 했던가.

　그러나 요즘은 나이 듦이 아쉽거나 서글프지만은 않다. 다른 어떤 때보다 여유가 있고 자유롭다고나 할까. 지금껏 익히고 체험한 모든 것이 숙성되고 발효되는 시간처럼 여겨진다. 가끔 나이에 맞지 않는 행동을 할까봐 걱정이지만. 하지만 그 누구도 나의 나이 들어감에 대해선 일별의 관심도 없는 일이다.

　칠월 창가에 잎이 참 푸르다. 일흔 즈음은 저 푸르름을 잠시 비켜난 갈색 이파리의 시대, 주어진 나날을 열심히 살라는 그윽함의 시간들이다. 노각처럼 늙어 껍질만 단단해짐이 아니라 햇무 같은 속살의 부드러움을 향내로 간직할 수 있어야 할 것이다. 마음에 그늘을 오래 담아두지 말고 하루하루를 음미하며 초콜릿을 먹듯 조금씩조금씩 아껴가며 나날의 시간들을 풀어 쓸 일이다.

손에 관한 명상

 인체는 여러 지체가 서로 협력하여 미세하게 얽힌 유기체이다. 머리가 있음에 생각하고 목을 통해 음식을 삼키고 뜨거운 가슴이 있음에 정을 품기도 한다. 장기가 없다면 무슨 수로 섭취한 음식을 배설하며 나란히 선 장대 같은 두 다리가 없다면 어떻게 걸어 다닐 것인가. 성서에서도 교회 안의 각 지체의 역할을 그리스도 신비체에 비유하기도 했다.
 그러나 태초에 인류를 창조한 것은 손의 역할이 아니었을까. 생각해보라. 손이 없었다면 어찌 잠자는 아담에게서 갈비뼈를 빼낼 수 있었으며 그 뼈로 여인인 하와를 빚을 수 있었을 것인가. '내 뼈에서 나온 뼈요, 살에서 나온 살이로다.' 하고 환호성을 지르며 짝을 얻은 최초의 남자 아담의 기쁨도 실은 손으로 빚어낸 창조주의 걸작품이 아니었던가.

마음에서 명하는 것을 전달하는 매개체 역시 손이다. 흑심을 품어 남의 것을 슬쩍했을 때 '손이 거칠다.'고 하며, 인연의 고리가 단절됐음을 '손을 끊다.'라고 함은 손이 갖는 갖가지 의미의 단적인 표현에 불과하다. 정교하고 고급한 물건일수록 손이 많이 감 또한 자명한 이치이다. 함께 일함에는 손이 맞아야 할 것이고 언약이나 약속의 뜻으로는 손가락을 건다. 우선은 마음이고 보이지 않는 그 마음의 실행에는 필히 손이 따르고 있다. 내면의 사유나 관조를 언어로 풀어내는 수필 또한 손이 있어 문자로 형상화됨은 물론이다.

　음식 솜씨 또한 손맛에 비유된다. 그래서 여인의 손맛은 사대부의 기본 덕목이다. 산야에 돋아난 보잘 것 없는 푸성귀도 맛깔스레 주방의 손길을 거치면 향기로운 성찬이 된다. 어머니의 손맛 또한 잊을 수가 없다. 남새밭에서 뜯어낸 시금치며 아욱이 적당한 양념에 투박한 손길로 몇 번 주물렀을 뿐인데도 그 맛이 일품이었다. 어린 기억에도 이웃 아낙에게 나물 무치는 솜씨를 조곤조곤 설명하던 어머니의 모습이 눈에 선하다. 궁벽한 시골에서 무슨 갖은 양념이나 별 다른 비법이 있었으랴만 김장이나 장맛 또한 그렇게 달았음은 가족에 대한 지극한 모성과 정성의 발로가 아니었나 싶다.

　어머니의 손길은 이른 새벽의 정화수 한 그릇과 함께했다. 석축으로 어우러진 장독대에 올랐던 어머니의 비손은 무엇을 간구했을까. 어머니의 경배는 푸른 아침의 정화수에만 있지 않았다.

부뚜막에선 조왕신에게 빌었고 물가에선 용왕님께 경배했으며 초파일의 통도사에선 불전에 손 모아 절하며 간절하게 정성을 들이곤 하셨다. 남다른 신심의 깊이보다도 맘속에 자리한 경배의 대상이 있음에 신산의 세월 속에서도 얼굴에는 늘 고요와 평온이 깃들어 있었다. 그런데 주일을 빠지지 않고 성전에서 눈 감아 기도하는 내 마음 안에는 왜 평화가 없는 것일까.

 가만히 고개 숙여 무릎 위에 가지런히 놓인 두 손을 내려다본다. 굵은 손마디에 우툴두툴한 손가락이며 푸릇한 혈관의 심줄마저 도드라진 갱소녀의 곱지 않은 손이 거기에 있다. 보일 듯 말 듯 검버섯도 나 있다. 미사 중에 전례에는 전념하지 않고 오래도록 손길을 응시한다. 문득 낯설어진다. 이 손이 한때는 곱다고 칭송받던 그 손이란 말인가. 젊은 시절 겨울 난롯가에서 손을 쬐며 '죽을 때 손은 내놓고 죽어라.' 며 직장 동료가 짓궂은 농을 할 때만 해도 나는 내 손이 예쁘다는 착각 속에서 살았다. 그러나 그것은 지금 내 딸의 손길처럼 피부의 젊은 윤기가 주는 섬섬옥수의 한 과정일 뿐이었다. 그 시절은 바람처럼 빨리 지나가버렸다. 손의 표정은 그 사람의 살아 온 그림자라던가. 세월의 풍상과 적당한 세상 속진이 묻어 검게 거칠어진 손, 나는 정물화를 감상하듯 겨울바람처럼 까슬까슬해진 손등의 살갗을 오래도록 바라다본다.

 그리고 소출의 보잘것없음에 늘 전전긍긍하며 이 손을 거쳐간 몇 편의 글들도 떠올려본다. 어쩌다 보니 '왕후의 밥'이요 '걸인의 찬'이라는 수필의 글밭에 적을 두게 됐지만 백지 위에 나체의 문학을 수놓기가 어디 만만한 일이던가. 퍼내면 다시 고이는 옹달샘처럼 글샘도 새록새록 청정한 심상으로 고여 줬으면 좋으련만 그 또한 난감할 때가 한두 번이 아니다. 내 글이되 내 손을 떠나면 서릿발 같은 독자의 비평은 이미 내 몫이 아닌 것, 그러기에 과학자의 눈과 철학자의 두뇌를 나는 가졌는가 항시 자문해보곤 한다. 무슨 왕도가 있겠는가. 우리 동인 이름 저필杵筆처럼 불면의 밤을 글 타작을 해대며 써놓은 글을 또 방망이로 두드리는 수밖에.

어느 날 미용실에서다. 퍼머를 감고 나서 무거운 머리를 이고 잡지를 보고 있는데 보조 스태프가 내 손을 멀거니 내려다보곤 말한다. '손톱 소제해 드릴까요?' 나는 고개를 약간 저으며 웃고 만다. 물론 여인의 손이 단정하면 돋보이기야 하겠지만 가늘고 예리한 쪽가위로 한 번 손톱을 손질 하고 나면 계속 다듬어야할 텐데 이 풍진 세상에 거기까지 신경 쓰고 살 자신이 없어서다. 흙냄새 나는 무표정한 손일지라도 자연 그대로의 오종종한 내 손을 사랑하며 살기로 한다. 살얼음 같은 세상, 설핏 실수해 손가락질이나 안 받으며 사는 게 더 다행한 일 아닐까 하고 생각하며.

그런데 바깥을 나와 다시 보는 나의 손, 아무래도 예쁘지가 않다.

오천 원

 가을은 기다리지 않아도 성큼 다가왔다. 영원히 더울 것만 같았던 여름은 슬그머니 꼬리를 감추었다. 계절의 절기만큼이나 거부할 수 없는 것도 인생이 아닐까. 어머님이 가신 것도 가을을 보낸 겨울 한복판이었다. 지명知命의 문턱에서 모정을 여의고는 밑둥이 꺾인 허실한 나무 하나 바람 앞에 홀로 섰다. 아비의 정을 모르고 자랐으니 지렛대같이 세상을 지탱하던 힘도 오직 하나 어미였으나 생사의 이치를 거부할 수는 없는 터, 무심한 세월만 가고 또 왔다. 이제 어머니는 내 수첩 속에서만 살아 계신다.
 미리내 묘원 '23 - 파 - 45란 이름으로. 사람은 가고 암호 같은 문자의 흔적만이 남았다.
 어머니는 바다였다. 세상의 모든 물은 흐르고 흘러 바다에 모인다. 빗물이고 강물이고 호수였던 자식들을 모두 품어 거둔 어머니는 넓고도 깊은 대양이었다. 나도 한때는 빗물이었으나 이윽고 바다가 된 지금, 이순을 바라보는 이제야 바닷물이 품은 그 모질게도 짠맛과 부대끼는 아픈 파도의 의미를 조금은 알게 됐다. 그러나 휘어지게 늘어진 어머니의 일곱 가지와 달랑 맺은 나의 두 가지는 시름의 깊이나 수치로 말하면야 비교할 바가 못 된다.

'열 손가락을 다 깨물어 봐라. 안 아픈 손가락이 있나.' 그런 말을 늘 하시곤 했다. 자식사랑이 자별했으니 그 말은 무르고 곪은 속내의 깊은 모정이었다. '그러나 유독 더 아픈 손가락이 있단다.' 하셨는데 그 유달리 치우치던 손가락은 너였을까 나였을까.

생전에 말년까지 내 집 살림을 건사하셨으나 가시기 전에 몸져누운 그분을 단 하루도 집에 모시지 못했으니 그 애틋한 불효의 한을 이제 와서 어쩌지는 못한다. "나무가 잠잠하려 하나 바람이 그쳐 주지를 않고, 자식이 효도하려 하나 부모가 기다려 주지 않는다."는 노신魯迅의 가르침은 애초부터 가슴에 담고 있었건만… 알고도 행하지 못한 죄 더 큰 자책의 망치되어 가슴을 때린다.

충청도 반촌 아들집에서 노환을 다스리고 계실 때였다. 돌이켜 보면 그날은 임종을 엿새 앞둔 날이었으나 미욱한 인간의 한계는 앞날을 예견하지 못함에 있었다. 모처럼의 서울 나들이에 용무를 마치고는 어머님을 뵙기 위해 잠시 대전역에 내렸다. 초겨울이었고 가로수는 잎을 다 떨군 채 바람에 떨고 있었다. 동구 밖의 석축에 걸터앉아 지팡이에 의지한 몸을 이제나 딸이 오나 목을 길게 늘이시던 이전의 어머님 모습은 그날 보이지 않았다.

몰랐다. 욕창이 짓물러 이미 거동이 제한돼 있었으나 그것이 주검의 전조인 줄은 진정 모르고 있었다. 여든둘의 검불같이 사위어 가는 한 줌 연기였음에도 철없는 딸의 정신세계에서는 언제든 응석을 받아주는 든든한 기둥이요 지주였을 뿐이었다. 미음도 마다하던 어머님께 즐기시던 KFC통닭을 들고 갔으니 노랗게 튀겨진 닭살은 그저 무용지물이 된 채 윗목에서 싸늘하게 식어가고 있었다.

그날 어머님은 평소에 안 하던 말씀을 하셨다. 요 밑에 용돈을 접어드릴 때도 한사코 손사래를 치시던 양반이 스스로 '돈 오천 원만 다오.' 하시질 않는가. 많은 돈도 아니고 오천 원을…. 의아했다. 그러나 자리 보존하신 분이라 마음의 위안으로 삼으시려니 했다.

나는 그날 어머님께 오천 원을 드리지 못했다. 수중에 그 돈이 없어서가 아니라 지갑에는 그때 봉투로 내밀기에는 민망한 금액이 남아있었기에 예사로이 어머님께 말씀드렸다. '며칠 후에 제가 다시 올게요.' 하고. 그것이 전부였다. 아니 이별이라고 하기에는 너무 허무한 이승에서의 마지막 고별식이었다. 엿새 후 어머님과의 약속을 위해 부산역에서 열차에 오르려는 순간, 그만 그분의 부음을 듣고 말았다. 아무도 없는 빈 방에서 새벽잠에 밥물이 지듯 그렇게 조용히 가시고 만 것이다.

아, 오천 원, 어머니는 그 돈을 어디에 쓰시려 했을까. 저승에도 노잣돈이 필요했을까. 그날 드리지 못한 오천 원은 한사코 마음의 한이 되어 못자국의 상흔으로 남아 있다. 지금은 가끔씩 지인들에게 부모님 살아 계실 때 여한 없이 잘 해 드리라고 주제넘게 말하곤 한다. 참으로 가증스런 일이 아닌가.

 어머니, 오늘 꿈결에라도 오세요. 그 못다 한 불효 제가 좀 갚을 수 있게요.

마라 강과 가브 강

 화면 가득히 한 무리의 누 떼들이 아프리카 평원을 질주한다. 수백 마리의 검은 소떼들은 대열의 행진에서 낙오되지 않기 위해 앞만 보며 가쁜 숨을 몰아쉰다. 탄자니아 세렝게티 초원은 금세 생존을 향한 처절한 모래바람에 휩싸인다. 대오에서 한 발자국만 처져도 맹수의 표적이 되는 상황, 사력을 다해 달리고 또 달리는 수밖에 없을 뿐이다.
 드디어 누 떼들은 강을 건너려 한다. 강 너머에는 푸른 초원이 있다. 도강을 위해 아득한 절벽의 단애를 뛰어내리다 목이나 다리가 부러지는 한이 있더라도 결코 포기할 수는 없는 일이다. 그런데 흙탕물의 마라 강에는 그들이 강으로 들어서기만을 기다리며 이빨을 드러낸 악어, 돌아서면 굶주린 사자 떼가 있다. 돌아설 수도, 앞으로 나아갈 수도 없는 절체절명의 순간이다. 그들은 생명의 연장을 위한 풀밭으로 가기 위해 목숨을 건 모험과 맞닥뜨린다. 망설임도 잠시, 체념한 듯 누들은 강물에 발을 내디딘다.

  표적이 된 누를 향해 악어들이 허옇게 이빨을 드러낸다. 공격을 받아 피투성이가 된 처절한 몸부림에서 약육강식의 냉엄한 현실을 본다. 함께하던 새끼가 끝내 핏물로 사라져도 앞을 향해 나아가야만 하는 처지다. 죽으면 죽으리라는 체념의 심경, 그것은 주어진 운명에 순응하는 생존의 몸짓이다. 살기 위해 목숨을 건 강행군, 마라 강의 사투는 누 떼의 희생과 함께 붉게 물들고, 마침내 죽음의 강을 건넌 그들 앞에는 광활한 푸른 초원이 펼쳐진다.

  이렇듯 생태계나 자연의 순환에도 처절한 마라 강이 있는가 하면 그지없이 평화롭게 흐르는 생명의 강물도 없는 것은 아니다. 매일 장대비만 쏟아진다면, 매일 직사광선만 내리쪼인다면 어떤 삶도 살아내기가 힘들 것이다. 누리에서 본 강들 중에서 가장 깊은 평화를 느낀 강물은 프랑스 루르드의 가브 강이었다.

  피레네 산맥에서 발원한 루르드의 푸른 강물은 성지로 향하는 낮은 다리 난간에서 발에 닿을 듯 찰랑이고 있었다. 세상의 아무런 불목이나 불화도 모르는 듯한 조용한 강물의 흐름. 세계 각지에서 몰려든 환자들의 휠체어 물결과 함께 드넓은 초원의 한복판을 잔잔히 흐르는 강물은 표현할 수 없는 평화의 그림이 되고 있었다. 성모의 발현이 왜 하필 루르드 산골이었는지를 가브 강의 고요가 말해주고 있는 듯했다. 만약 루르드를 다시 찾고 싶다면 그것은 가브 강의 선량한 이미지 때문일 것이다.

마라 강과 가브 강의 비유를 절박함과 평온에 대비할 수 있을까. 삶에도 항시 두 강이 존재했다. 급류에 휩쓸려 간신히 목숨을 부지했다 싶으면 또 한동안의 주기적인 안온이 찾아들었다. 평화의 안뜰에 잠시 안주하는가 하면 어느새 또 풍랑이 찾아들었다. 두 강물이 교차하는 사이, 머리에 흰 실밥이 내렸다.

인간들에게도 먹이사슬이 있다. 이동하는 누 떼를 추격하는 사자, 표범 등 동물들을 잡기 위한 밀렵꾼들과, 그 밀렵꾼을 잡기 위한 밀렵감시원들 간의 추격전이 그것이다. 그러나 밀렵꾼들이 생태보호를 위해 금지된 밀렵을 감행하는 것도, 누 떼들이 악어가 우글대는 강물 속으로 뛰어드는 것도, 모두가 생존을 위한 몸부림이다. 인간도, 동물도 살아낸다는 일은 이처럼 쫓고 쫓기는 치열한 추격전의 연속이다.

나의 마라 강은 언제였던가. 오십대 초반, 이루었던 모든 것을 잃고 나서 빈손이 되었을 당시의 상실감은 더 살아야 할 아무런 이유를 찾을 수 없었다. 달려오는 지하철을 보며 뛰어들고 싶었을 때였다. 미련이 있다면 아이들이었다. 다하지 못한 부모로서의 책임, 그것이 발목을 잡는 새 부질없는 세월은 조롱하듯 스쳐 지나며 손을 흔들었다. 모를 일이다. 회복기의 피돌기를 스스로 잘 모르듯 살아온 시간들이 언제 또 가브강의 환승역에 도달하게 했음인지. 신의 망치는 절망과 희망 사이를 오가는 시계 추 같은 것이 아닐까.

잠시잠깐의 희열이나 환희가 조각햇살같이 생의 언저리를 스치기도 했지만 그것들은 이내 검은 뭉게구름에 가리워지곤 했다. 천국의 간이역에 내린 듯 한련화가 하늘대던 그 식물원 체험이나, 어떤 일몰의 경이로웠던 아름다움과 같은….

  돌이켜보면 또한 샘물 같은 기쁨을 길어 올릴 때도 없음은 아니었다. 아이들이 옹알이를 하며 까르르 웃음을 선사할 때는 세상 걱정은 모두 남의 것인 줄만 알았으니 한 올 근심도 자신의 곁은 비켜갈 것만 같았다. 걸음마를 옮기고 철따라 새 옷을 사 입히며 젊은 엄마의 행복감에 젖었을 때가 화수분처럼 샘솟는 가브 강의 빛 속에 잠겼을 때였다. 녀석들이 부모 덩치보다 점점 커지고 이제 손자를 기다리게 되고 보니 두 강물의 교차점은 항시 그리 오랜 세월 속에 머무르지 않았음이다.

  우리는 흐르는 강물이다. 쉼 없이 흐르는 현재진행형의 시간이 언제 멈출지는 누구도 모른다. 흐르되 당당하게 흘러야 할 시간의 철새들.

  모래바람 만나거든 사막이 되고, 혹한이거든 꽁꽁 언 얼음으로 있다가 얼음이 풀리면 시냇물로 흐르며 진정한 자유의 바다에 이르기까지 호호탕탕 거침없이 흘러가야 하리라.

  오늘도 나는 악어 떼가 우글거리는 마라 강과 평화의 상징인 가브 강을 쉼 없이 오가며 산다.

고향

 가을날에 혼자 논둑을 걷는다. 빈 들판은 아무것도 없음으로 더욱 충만하다. 황금빛 노을과 풍요로운 농심으로 인해 가득 채워진 대지, 오늘은 한가로이 그 길을 밟는다. 불볕 속에서 허리 굽히던 모내기의 노래는 주전자를 든 채 이고 가던 새참 소쿠리의 기억과 함께 사라져갔다. 타작마당의 탈곡기 소리도 이명처럼 귀에서 왈왈거리고 돌아갈 뿐 잠방이를 걷어붙인 힘센 일꾼들은 이제 화면처럼 살아 움직이는 한 폭 그림으로만 살아있다.
 모내기를 앞두고 일꾼을 놉 하러 가던 일을 기억한다. 예닐곱 살 어린 소녀는 엄마 심부름으로 타박타박 밤길을 걸었다. 낮에도 으스스한 소전끝에는 소나무 숲 사이로 어른어른 달빛이 일렁대고 있었다. 바람소리마저 몰아치자 절로 나는 귀신 생각에 오소소 몸을 떨었다. 사립문에 다다르자 목소리를 높였다. "종구아버지 계셔요?" 호롱불 사이로 동그랗고 검은 놋쇠 고리가 달린 장지문이 벌컥 열렸다.

"그래. 내가 종구다." 턱수염이 시커멓던 억센 일꾼 이름을 바로 불러댔으니 달빛 아래 선 꼬마가 무슨 철인들 있었을까.

짚으로 이엉을 엮던 초가집의 정서는 민속촌에서나 볼 수 있을 뿐, 개발이 향수보다 우선하여 고향을 점점 사위게 했다. 단오날 머리 감던 창포물은 샴푸가 대신하고 정월대보름에 짓던 달집은 고전이 되어버렸다. 장날이면 들끓던 지산·평산·모단 사람들. 삼태기를 메고 배냇골에서 뜯어오던 그 취나물 향내가 맡고 싶다. 벌건 시우쇠를 다루어 낫이며 호미를 만들어 내던 기우네 풀무간은 흔적 없이 사라지고 국밥집이 들어선 그 자리엔 좌판에 의자만 질펀하게 널렸다. 목이 긴 늙은 아버지와 아들만 오형제가 오글오글 한 방에서 바글대던 그들은 지금 어디서 무얼 하며 살고 있을까. 기억은 수십 년 전에 머물고 육신은 낡고 어눌해 이미 황혼을 바라보고 섰다.

사시장철 맑은 물이 흐르던 통도사 계곡물도 예전 같지가 않고 무풍교舞風橋에서 불어오는 청정한 솔바람만이 고향의 기운을 되살려 준다.

극락암에 이르던 어느 여름날, 갑자기 흐려진 하늘에서 후두둑 빗방울이 내리기 시작했다. 산자락에 휘감겨 숲은 짙어지고 좁은 황토 길에서는 실뱀들이 양쪽에서 스멀스멀 기어 나오기 시작했다. 태몽처럼 바글대는 뱀암을 피해 갈지자로 걷다가는 친구와 나물바구니를 팽개치고 혼비백산해 도망을 치고 말았다. 언제부턴가 이 땅에 땅꾼들이 넘쳐나더니 웬만한 산에선 뱀의 모습도 볼 수가 없게 됐다. 사람들은 보양을 위해서라면 생태계의 변화도 두려워하지 않게 됐다.

우편함에 꽂힌 대부분의 봉투에서는 사람 냄새가 나지 않는다. 대부분의 고지서나 통지서에선 차가운 기계음과 세상의 거래 통로가 있을 뿐 따스한 정감을 찾아볼 수는 없다. 나의 사춘기는 우체부 아저씨의 자전거 바퀴소리와 함께 시작됐다.

장터 뒷골목을 돌아 따르릉대며 대문 앞에서 서던 그 자전거 소리를 얼마나 애태우며 기다렸던가. 가슴 설레던 연서가 아니더라도 객지에 나간 친구의 음성이 전해올 때면 마음 깊이 충만한 행복감에 젖곤 했다. 등불 아래서 써내려가던 연정이나 우정, 고향은 연필로 꾹꾹 눌러 쓴 편지글이다.

보고 싶어도 아니 만나지는 이가 있고, 생각지도 않았으나 자주 만나지는 친구도 있다. 그 친구는 자주 만나지는 못해도 기억 속에선 언제나 소녀로 머무르고 있다. 군에 간 남자친구에게 우연히 써주기 시작한 편지 대필이 그들을 결혼으로까지 이끌었으니 다복한 그 가정을 볼 때마다 마음속에 축복의 파문이 인다. 내 몸보다 더 아끼고 위해주었던 소녀 적의 우정은 서로 간에 축원이 되어 풍진 세상을 함께 살아간다. 장년은 나이만 더해감이 아니라 세월의 경륜에다 지혜도 함께 쌓아가는 일이다.

고향은 승용차보다는 노선버스다. 언제고 가고 싶으면 갈 수 있는 곳, 기억 속의 자양분이 되어 일생 바뀌지 않는 것이 당산나무 둥지 같은 본향의 그늘이다.

먼지를 따라 내닫던 시골버스의 기름 냄새에는 아련한 향수가 배어 있다. 어두운 밤, 어머니의 귀가 시간은 언제나 그 매캐한 휘발유 냄새와 함께했다. 머리에 인 포목보따리를 받아 이면서도 어머니의 삶이 지난한 것이었다는 걸 안 것은 세월이 한참 지나서였다. 사는 일이 팍팍했음에도 어머니의 평상심은 늘 마음속 고요를 잃지 않았다. 나날이 장독대 위에 얹히던 맑은 정화수井華水 한 그릇. 이제 어머니는 나의 정화수가 되었다.

미리내 묘역에 누우신 어머니는 은하수만큼이나 큰 사랑을 자연 속에 간직하고 계신다. 이순이 넘어 이리도 자연 사랑이 깊어지고 있음은 나도 어쩔 수 없이 어머니를 닮아감이 아닐까 싶다. 봄이면 꽃봉오리에서 터져 나오는 한 송이 꽃이 대지의 신비인 줄을 몰랐고 계곡의 물소리에서도 우주의 화음을 느낄 줄 몰랐으니 젊어서야 어찌 자연의 오묘한 이치를 알 수가 있었으랴. 이제 산천을 바라보던 어머니의 그 깊고 그윽한 눈매 속에서 자연을 경애하던 마음을 그려본다. 자연은 영원히 순수하고 진실하듯 고향 또한 누구에게나 그러하다.

낙엽의 빛깔이 무르익는 계절, 서운암에 이르는 오솔길은 일부러 자동차 속도를 늦추어야 한다. 낯익은 산천이, 바람이 나 여기 있노라 고 애절한 눈짓을 보내는데 모른 체 내달린다는 것은 그들에 대한 예의가 아니기 때문이다. 구르는 자동차 바퀴 사이로 몸부림처럼 흩어지는 마른 이파리의 군무. 한철 소임 마치고 왔던 곳으로 다시 떠나는 그 마지막 손짓은 거부할 수 없는 아름다움이다. 고향은 존재의 뿌리를 찾아가는 생의 귀착점이다. 강변에서 홀로 부는 피리 소리다.

그런데 글을 쓰고 있을 때에는 아늑함을 느낀다. 그 시간에는 글 빚에 대한 불안도, 시간에 대한 미안감도 존재하지 않는다. 거기엔 무한한 꿈과 이상과 자아실현이 함께한다. 거기가 바로 황폐의 광야에서 헤매다가도 언제고 돌아갈 수 있는 집이고 고향이기 때문이다. 그렇다. 문학이 바로 나의 우주요 영원한 고향이다.

인연

통도사 입구 무풍교舞風橋에는 지금도 솔바람이 불고 있을까. 단오날이면 소나무 가지에 줄을 매달아 시원하게 바람을 가르며 그네 타던 처녀들은 이제 민들레 홀씨 되어 어디서들 살고 있을까. 그 '바람에 춤추는 다리' 아래 시퍼렇게 고인 '물풍지' 너럭바위는 유년의 동심이 영글었던 요람이었다. 정월대보름엔 대낮 같은 달빛이 솔잎 사이로 어른대는 오솔길을 걸었다. 달빛 아래 오리 길은 멀지 않은 길이었으나 통도사 일주문 앞 삼성반월교三星半月橋에 이르면 숨이 차오르곤 했다.

어느 해, 한더위의 열기가 지나고 조용한 바람이 벼 이삭을 어루만질 때였다. 사라호 태풍이 온 마을을 쓸어가던 날은 마침 가족들이 모두 모인 추석날이었다. 명절은 이미 몹시 술렁대고 있었고 황망 중에 언니들과 함께 높다란 언덕에 서서 물난리를 바라보고 있었다. 초산마을을 잠기게 한 도도한 흙탕물에는 돼지와 베개와 사람이 함께 둥둥 떠내려 오고 있었다. 세상이 준 공포와의 첫 대면이었다. 삶이란 영원하지 않다는 것, 재난은 언제고 불시에 닥칠 수 있다는 걸 떨리는 가슴으로 깨닫고 있었다.

어머니의 중년에는 남편이 존재하지 않았다. 여자 혼자 힘으로 포도송이 같은 자식들 건사하랴 어머니의 입술은 언제나 건포도처럼 메말라 있었다. 집에는 갈 곳 없어 떠돌던 '꼬꾸랑할매'가 정착해 살림을 돌보고 있었다. 그 할머니가 장날마다 사주던 노란 콩고물 묻힌 긴 찰떡은 어린 시절의 결핍과 허기를 메워주던 사랑이었다. 어떤 겨울날에 누워서 화롯불에 손을 얹은 채 할머니는 숨을 거두었다. 최초로 만난 주검이었다. 죽음의 세계는 깜깜한 땅속일 텐데 답답하고 무서워서 어떡하나⋯. 인식이 깊어질수록 관념의 세계만 더욱 복잡해질 뿐이었다.

맥貘이란 새는 꿈을 먹고 자라는 상상 속의 새라고 한다. 어린 시절 나의 맥은 엉뚱하게도 아나운서였다. 당시는 그 말뜻이 무슨 직업인지도 모르고 다만 교과서에 실린 마이크 앞에 앉은 예쁜 여자를 동경해서였을 것이다. 후일 공무원이 된 후 자주 마이크를 잡는 부서에서 일하게 되면서 꿈 근처에는 서성이는가? 하며 혼자 속으로 웃음 짓기도 했다. 그러나 잠재된 소망은 작가였는지도 모른다. 내 안의 서정성과 만나게 된 것은 교내 백일장에 으레껏 불려 다니면서였다. 열여덟 살 때부터 쓰기 시작한 일기는 온갖 소망과 고뇌의 은신처였다. 현실감 없는 상상의 바다에서 노를 저으며 생래적으로 비관과 편견 쪽으로 기우는 감성을 우려하곤 했다. 선량하지 않은 문학의 본성과 만나는 때였다.

인생의 중요한 일은 아주 사소한 사건으로 시작하는지도 모른다. 남편과의 인연은 버스에서 스친 한순간의 눈길에서 이루어졌다. 지금 생각하면 생애를 결정한 순간이었다. 물론 그 이전에 심각한 관심을 보여 오긴 했지만 그러한 관심조차 부담으로 여겨 그냥 스쳐 지나간 사람이었다. 여자의 퇴근시간에 맞춰 오렌지빛 와이셔츠에 갈색 넥타이를 매고 관청 정문 앞에서 매일 보초를 서는 남자에 질려 통근버스로 살래살래 도망을 치곤했을 뿐이었다.

세월이 일 년 정도 흐르고 난 후였다. 신호대기 중이던 퇴근길 버스에서 우연히 창밖을 보고 있을 때 길가에 걸어가던 그 남자와 시선이 마주쳤다. 순간 버스는 움직였고 피부가 유난히 흰 남자는 핏빛 얼굴을 한 채 버스를 따라 사력을 다해 달려오고 있었다. 본능이었을까. 그 순간 그놈의 연민이 강렬하게 부채질하기 시작했다. 저이도 남의 집 귀한 아들인데…. 자신을 향한 '보잘것없음'에 대한 가책이 그렇게 싸늘하던 마음을 완전히 돌려놓고 말았다. 운명을 돌린 그 순간 이후 우리는 마주보고 선 두 그루 은행나무 되어 함께 노을의 정거장을 바라보게 됐다.

생의 어느 한순간에도 우리는 쉬지 않고 인연의 끈을 짜고 있다. 사람과 사물과 자연과, 눈길 닿는 모든 인연이 전생의 카르마인 업으로부터 시작된다고 했다. 하늘의 별 하나가 내 눈에 닿기까지는 어떤 카르마가 작용했을까. 문청시절이 없는 내게 수필이란 인연이 늦깎이로 다가왔다. 일기 하나라도 제대로 알고 쓰자는 배움에서 시작됐으니 다가온 게 아니라 찾아 나섰다는 말이 더 합당하겠다. 운명이란 게 길을 찾아가는 내부의 어떤 힘이라고 한다면 보이지 않는 그 길을 찾기 위해 혼신의 힘을 다해야 할 것이다. 마치 옛날 어떤 남자가 달리는 버스를 따라 죽을힘으로 뛰어서 인생의 목표를 이루었듯이.

시월의 산야는 아직 잎을 다 떨구지 않았다. 낭자가 낭군의 임이라면 바람은 잎새의 임이다. 수필의 임 또한 잎이 나무에 매달리듯, 창작의 열의에 사로잡혀 붓끝에 매달리는 수밖에 무슨 왕도가 있겠는가. 그러나 단순하면서도 아름다운 문장으로 말하기, 그것은 얼마나 어려운 일이던가. 아무리 매달려도 아직 나무의 목리도, 말(馬)의 본성도 깨우치지 못한 나는 그저 저무는 강가에 서 있는 나그네일 뿐이다.

한 편의 글이 나오기 위해 얼개를 짜고 문장과 어휘를 고르는 일은, 수필이란 맛난 요리를 버무리기 위해 좋은 재료와 양념을 준비하는 일이다. 다행히 일물일어의 합당하고 멋진 재료가 있어 한 끼 식탁에 오른 맛깔스런 요리는 수필가의 기쁨이겠지만 그런 흡족감은 생애 중 몇 번이나 맛볼 수 있을 것인가.

많이 생각하고 오래 삭혀서 빚어내는 한 줄의 고요하고 단정한 문장, 그것은 마음속에 깊은 울림을 가져다준다. 관념의 형상화를 위해 고뇌하는 밤이 있기에 작가는 행복하다. 비록 그것이 뼈를 깎는 정신고통이라고 해도 고뇌와 회한, 그것은 구원받을 수 있는 아름다움이기에.

황혼의 사랑

 눈물이나 바람 속에 있다는 것은 내가 시간 속에 있다는 얘기다. 생명 없는 미물이 어찌 바람에 드러눕는 풀잎들의 소리를 들을 수 있을 것인가. 세상은 이리도 고요하고 흐르는 혈관 속에 맥박이 살아있음은 아직도 우리 체온이 자연을 느끼고 찬미할 수 있음이다. 바람의 끝이 또 다른 바람을 몰고 오듯이 하나의 생이 넘어진 곳에는 또 다른 생이 시작된다. 자연계와 생명의 순환 고리는 이렇듯 애초에 둘이 아닌 하나가 아니었을까.
 해가 진다. 육신의 허망처럼 조금씩 사그라드는 빛의 명암이 어제라는 이름으로 사라져 가는 시각이다. 어제는 과거와 역사의 또 다른 이름일 뿐, 생의 끝 지점이 어디쯤인지는 누구도 알 수가 없다. 해 저문 신작로에서 길 잃어 울고 헤매던 유년의 기억처럼, 지금은 나를 떠나 손 흔들며 멀어지는 이 하루를 조용히 바라보고 있다. 억만 년 사라져 간 해 무더기들은 퇴적한 용암처럼 어디에 쌓여져 있는 것일까. 노을 속에 지는 해는 아름답다. 수평선 너머로 오렌지 빛 광휘를 발하며 서서히 잠기는 햇무리의 향연은 더욱 요요한 아름다움이다.

황혼의 사랑 또한 아름답다. 피 끓는 젊음의 감각은 서서히 물러갔으나 '사랑'의 영원성 앞에 어찌 표피적인 것만을 논할 수 있을 것인가. 정신의 땅이 육이라는 것을 예전에는 몰랐듯이, 사랑은 감정이지 감각이 아니라는 것 또한 나이가 준 선물이다. 이제 모든 나이가 내 안에 있다. 3살, 37살, 55살, 그 세월들을 다 거쳐왔기 때문이다. 아기 때는 엄마의 사랑이 전부였고, 중허리의 관념 사이로는 늘 무언가를 그리는 갈증에 허기졌다. 사람에게 에너지를 퍼붓고픈 강퍅한 시절이었다. 노을에 선 지금, 눈멀듯 그리운 애틋한 사랑보다는 애증도 갈등도 없이 흘러간 연민의 사랑마저 멀찍이서 바라보는 시점이다. 마치 남의 일처럼.

사람은 달이다. 조금씩 감추고 있고 조금씩 변하고 있고 보이는 부분만 본다. 달이 흐르듯 사람 또한 시간의 수레바퀴 위에서 쉼 없이 흘러간다. 젊었을 때 그녀는 커다란 만월이었다. 입도 눈도 코도, 성품 또한 시원시원한 보름달이었다. 어깨선이 약간 뭉긋해졌으나 퍼주기 좋아하는 넉넉한 마음 씀씀이는 예전 그대로다. 교육자로서 정년퇴임한 부부는 서로를 다 파먹은 김장독처럼 바라보지만은 않았다.

기력이 예전 같지 않은 그녀는 남편에게 수시로 보약을 대령한다고 했다. 자신을 대신한 젊은 여인네들과의 산행을 독려하기 위함이란다. 산에서 젊은 기운을 받아 오면 집안 또한 활기차지 않겠느냐며 호방하게 웃는 모습에서 만년의 여유와 너그러움을 본다.

늙어 감은 외로움만 깊어진다는 걸까. 홀로 갈 길을 준비한다는 걸까. 새벽 운동장에는 외로움도 홀로도 아닌, 걷기운동의 달인들이 나날이 눈인사를 나눈다. "사는 동안 건강하게, 엇샤! 엇샤!" 운동화 끈을 조인 아침가족들이 활기 있게 새벽공기를 가른다. 뒷동에 사는 스마일 여사와는 걸으면서 조곤조곤 사는 얘기도 더러 오간다. "그렇게도 여행을 좋아했는데 요즘은 영감이 운전대를 잡으면 별로 나서고 싶지가 않아요." 때를 놓칠세라 짓궂게 내가 묻는다. "젊은 여자 옆에 앉히고 가면 어쩔래요?" 이 착한 여인네의 대답은 어느 때보다 진지하다. "정신 건강을 위해 당연히 다녀오시래야지요." 질투는 푸르름의 산물이던가. 나이가 깊어짐은 배우자에 대한 사랑이 깊어지는 것.

노년의 사랑은 더욱 값진 것이다. 얼마 전 〈뉴욕 타임스〉는 치매 남편의 간병을 위해 은퇴한 대법관의 순애보를 통해 황혼의 사랑을 새롭게 조명하고 있었다. 샌드라데이 오코너(77)는 십칠 년째 알츠하이머를 앓고 있는 남편(77)을 돌보기 위해 법복을 벗었다. 하지만 남편은 오십오 년 해로한 아내를 두고 요양원의 다른 여성과 사랑에 빠졌다. 놀라운 것은 오코너 대법관의 반응. '남편이 건강을 되찾고 행복해 하는 것을 보고 기뻤을 뿐 불평하지 않겠다.'는 것이었다. 관용과 이해는 나이 들면서 그 빛을 발하는 것인가.

황혼의 사랑은 타는 불꽃이 아니다. 타고 남은 연기의 존재는 더더욱 아니다. 그것은 제 몸 태워 사위를 밝히는 은은하고 이타적인 촛불의 빛이다. 삼킬 듯이 이글대는 장작불이 흙의 본질을 도자기로 빚어내듯 비로소 내 몸 태워 너를 굽는 화인의 흔적이다.

노년의 사랑은 그동안 태양에 가린 흑점처럼 청춘의 사랑에 가려져 있었다. 가요와 영화. 문학은 온통 청춘을 이야기했고 노년의 사랑은 '추잡한 노인네'의 표현처럼 거북하고 꺼림칙한 것인 양 내몰렸다.

하지만 수명이 늘고 성에 보다 개방적인 베이비붐 세대가 나이를 먹으면서 은발의 사랑은 무시할 수 없는 '현상'으로 떠올랐다. 학자들은 노년의 사랑이 청춘기의 사랑보다 더 만족스럽다고도 한다. 심리학자에 의하면 '젊은 시절 사랑은 자기 행복을 위한 것이지만 황혼의 사랑은 다른 누군가가 행복해지길 바라는 것'이라고 정의한다. 그것은 나이가 들면서 좋은 일이든 나쁜 일이든 영원하지 않다는 것을 알아버린 자각에서 온 것이 아닐까. 보름달 여인도, 스마일여사도, 삶이 우리에게 가르쳐 준 깨달음을 터득한 여성들이다.

충무공 이순신은 "세상의 끝이 이처럼… 가볍고… 또 고요할 수 있다는 것이…."라며 마지막 눈을 감았다고 한다.

삶과 죽음 사이에는 문지방이 없다고 했다. 그 경계선 사뿐 넘어

가는 길이 무관의 마지막처럼 그렇게 담백할 수만 있다면-. 물론 내 앞 가려 너를 덮어 주는 황혼의 이타적인 사랑을 느긋이 체험하고 나서의 일이다. 오늘따라 서산에 지는 노을이 곱기만 하다.

서귀포 연가

2

천의 바람이 되어
서귀포 연가
선운사 가는 길
순명이었을까
박수 소리
배소의 고독
노도에 부는 바람
포트딕슨의 밤배
보스포르스 해협 그 푸른 물결
실종

천千의 바람이 되어

 강가에서 자주 소식을 전해주던 이가 있었다. 비가 온 후의 출렁이는 강물의 정경과 안개 자욱한 날 강가의 서정을 산책길에서 문자로 보내곤 했다. "그대의 강물로 내 안의 모든 오뇌를 씻어다오. 포토맥 강이여."라는 휘트먼의 시구를 보내오기도 했는데 그 강이 탐진강인 것은 나중에 알았다. 상상 속에서 아름답게 채색되던 강, 그 강물의 신비를 안고 장흥에 도착했다.

 여름날은 뜨거웠다. 끈적이는 지열의 맹공세가 늦더위의 대지를 달구고 있었으나, 생각했던 물결의 흐름은 쉬이 얼굴을 내밀지 않았다. 마당 넓은 한옥의 담장 안에 잠시 거처했던 그는 이미 장흥을 떠나 있었다. 마음 안에서만 강줄기의 세찬 너울이 천千의 바람이 되어 일렁였다.

 그리움도 때로는 삶의 원동력이 되어주었다. 만나서 눈으로 확인

하는 것보다는 가끔씩 소식만 나누는 그림자 같은 외로움이 그 그리움의 근원이었다. 사실은 호젓하게 둘이서 대화를 나눈 적이 한 번도 없기 때문이었다. 존재의 확인, 내 영혼의 저변에 네가 일렁이고 있노라는 그 인식 하나만으로 삶의 조각들을 나누던 터였다.

해거름 노을에 몇 마리 흰 새가 무리지어 날고 있었다. 둥지를 찾아가는 것일까.

산 능선 아래 띠를 이루는 실루엣이 한 폭의 고운 동화를 엮어 낸다. 해는 저물고, 우리가 찾아갈 본향도 저 새들의 몸짓처럼 아득한 것일까.

정남진 리조트에 여장을 풀었다. 누워서 밤하늘의 별을 보는 원시를 그렸으나 배정된 캠핑카의 하늘은 습기에 잠식되고 말았다. 비라도 오려나.

별이 실종된 캄캄한 밤하늘을 보며 네가 누구며 여기엔 왜 왔는지를 자신에게 묻는다. 멀리서 캠프파이어의 왁자한 소음들이 이명처럼 들려왔다. 같은 정서를 간직하고 같은 길을 가는 사람들이 모인 곳에는 언제나 약간의 과장된 설렘이 있다. 더구나 객지의 밤이 아니더냐.

'해산토굴'에는 들르지 않았다. 새로 지은 기와집에 '달 긷는 집'이란 현판을 다시 보려나 했는데 찾아와주신 한승원 작가의 문학 강연으로 그 발걸음을 대신했다. 오히려 그것이 내실 있는 일이었다. 도깨비와의 담판으로 제일가는 마음부자가 된 작가는 오늘도 득량만의 바다를 바라보며 무한의 달빛을 건지고 있다. 그에게 달은 시요 소설이요 문학의 정수다. 그 결과물이 여다지 해변에 수많은 시비로 전설처럼 늘어섰다.

회진의 바다에는 무슨 사연이 그리도 많은 것일까. 여다지 해변에 설 때마다 미백未이청준 선생을 함께 떠올린다. 같은 해에 태어났던 '미백'과 '해산' 두 분에게 끊임없는 영감을 불러일으켰던 정남진의 앞바다, 그 말없는 포구에 오래도록 서 본다. 해변에 피어난 해당화 몇 송이가 분홍빛 눈웃음을 보내온다.

오래된 숲에는 향기가 있다. 억불산 아래 편백숲 우드랜드에 들어서자 신령한 기운이 와 안겼다. 숲은 스펀지처럼 지친 누구라도 받아들일 자세가 돼 있다. 누군가에게 나는 이처럼 편안하고 푸근한 존재가 돼 준 적이 있었던가. 나무들이 숲을 떠나와 나무를 보듯이 사람 또한 집을 떠나와 자신을 돌아보게 된다.

실상은 매번 떠났지만 제대로 여행을 즐겨본 적이 없었다. 여권과 지폐와 메모 첩을 항시 지니고 걸었다. 쫓기듯 불안한 마음을 한시도 내려놓을 수 없었다. 그런데 이곳에서 비로소 마음을 놓는다. 햇살을 비켜 바람을 안고 나무를 어루만졌다. 발밑의 푹신한 촉감은 모성처럼 푸근했다. 푸릇한 숲 냄새와 상쾌한 새소리를 쉴 새 없이 들이켰다. 숲을 호흡한다는 것, 그것은 '마음을 놓는다.'와 같은 말이었다.

곧은 선비의 기상을 닮은 편백나무 군락을 버리고 떠나기 차마 아쉬워 느지렁느지렁 걸으며 자꾸만 뒤를 돌아다본다.

진목마을 이청준 생가로 가는 길, 학의 모양을 한 산 아래서 잠시 자동차가 멈춰 선다. 작품 〈눈길〉의 배경이 된 마을인데 신비롭게도 산의 형태가 양 날개를 활짝 편 학의 형상을 하고 있다. 때마침 하얀 백로 몇 마리가 너울너울 날고 있는 모습이 이청준의 넋인 양 예사롭지가 않다.

좁은 마당에 와글와글 들어찬 작고 문인의 생가. 뙤약볕 아래 서로 몸이 부딪치는 형국이다. 순례객을 맞이하기에는 도저히 걸맞지 않아 당국에서 기념관이나 문학관 하나 정도 만들면 어떨까 하는 생각은 올 때마다 느끼는 점이다. 적어도 문학특구라면 생존 문인은 물론이요 작고 문인에 대한 예우도 걸맞게 해야 할 것이다. 그런 점이야 어찌됐든 상관없다는 듯 당산나무 그늘에선 마을 어른들이 모여앉아 부채를 설렁설렁 부치며 버스를 오르내리는 무리들을 물끄러미 바라보고 있었다.

장흥이 특별한 것은 전국 최초의 문학특구여서가 아니다. 차창으로 스치는 배롱나무 가로수가 인상적이었는데 읍내 길 양편에는 종려나무 가로수를 심어놓았다.

어린 야자수를 닮은 저 나무를 가로수로 심는다는 멋진 발상은 누가 한 것일까. 배롱나무는 부잣집 담장 안을 연상케 하고 종려나무는 성서의 나무, 거룩함의 상징으로 다가왔다.

오래도록 흥하라는 장흥長興의 이름처럼 문화와 정신적인 풍요도 함께 누리는 고장이 되라는 마음 한 자락을 남겨놓았다. 멀리 부산으로 진입하는 고속도로의 불빛, 잠시 벗어놓았던 일상의 자리로 다시 돌아가는 길은 언제나 낯설고 비루하다.

서귀포 연가

제주를 그리는 그대여.

구, 시월 단풍이 무르익을 즈음이면 서귀포로 한 번 오십시오. 기계 같은 일상에 갇혀 살아도 나비처럼 나는 마음은 늘상 호수 저편의 피안을 꿈꾸지 않습니까. 기내에서 풍기는 커피 향은 달콤한 유혹입니다. 후각에서 피어올라 감성으로 번지는 원두의 나른한 자극은 그대 여정의 첫 설렘입니다. 보이는 만큼만 소유했던 세상 모든 사물들에서 이제 남쪽의 작은 섬나라 기억 하나가 또 더해집니다.

제주시내 도로변 한복판을 지키고 서서 소실점으로 모아지는 가로수는 하나의 정선된 풍경입니다. 이전 기억으로는 분홍빛 유도화가 서 있었는데 지금은 한결같이 야자수가 심어져 있어 남국의 정취를 더해줍니다. 훌쩍 큰 키를 바람에 일렁이고 선 것은 워

싱턴야자, 제비같이 날렵한 코코넛야자, 나지막하면서도 넓은 어깨를 펼치고 선 것은 카나리아야자라고 하네요. 어릴 적, 코 큰 이방인은 다 미국사람인 줄만 알았듯이 야자수는 다 똑같은 것이라고만 믿었었는데 상세하게 수종에 눈 뜰 수 있음은 우리 부부를 초대한 이가 나무박사이기 때문입니다.

나무를 사랑하는 그대여.

사람은 하고 싶은 일을 한 가지쯤은 마음에 품고 살지 않습니까. 땅에 대한 의지와 나무를 귀애하는 마음이 한 개인의 토지에 이렇듯 모아진 것을 보는 것은 드문 일입니다. 서귀포 중문단지 앞, 6만여 평의 대지에는 바다 건너에서 공수해 온 수백 가지 기이한 나무들이 고향을 그리듯 하늘보고 섰습니다. 눈꽃 속에서도 온몸에 빨간 열매진주를 단다는 먼나무를 비롯해 구실잣밤나무, 홍가시나무 등 처음 듣는 수종이 대부분이라 마치 수목원에 나무 견학을 온 듯한 착각에 빠져듭니다.

이분에게 있어 나무 역사는 바로 인생 그 자체입니다. 우장춘 박사 정원에서 집을 허물 때 공수해 왔다는 고목은 고목대로, 남국의 야자수와 강원도에서 온 적송들도 다들 서로 묵언으로 키재기를 합니다. 마음에 드는 은사시나무 한 그루를 구하기 위해 애썼던 무용담은 가히 무협지 수준이라 전국에서 모인 갖가지 나무들이 모두 사연을 안고 있습니다. 밀감밭을 지나 망고 농원이 있고 걸어가도 아득한 수목들의 행진은 한 인간의 집념이 일군 대역사大役事입니다. 자식 사랑하듯 나무에 애착한 수십 년 세월도 자연과 바람의 결과물입니다.

제주의 아침에 부는 바람이여.

새벽을 흔들어 깨우는 미명 속에 야자 잎새를 세차게 뒤흔드는 그대는 새 날의 전령인가요. 낙타의 굽은 등에 실린 행장인 양 제 무게에 겨워 흔들리는 나뭇가지들은 속절없이 너울대며 그대 숨결에 몸을 내맡기고 있습니다. 하기야 삼다三多의 나라에서 어찌 바람이 빠지겠습니까. 창 너머로 전개되는 것은 온통 해미에 휩싸인 푸른 바다입니다. 수평선의 경계마저 흐린 날의 대기 속에 바다와 맞닿아 지금은 그저 바다가 하늘이고 하늘이 바다입니다. 바람과 하늘과 바다의 정조가 농담 짙은 수묵화의 화폭에 담겨 제주의 푸른 속살을 내비치는 정결한 아침입니다.

숙소 아침바다에서 빤히 바라다 보이는 곳이 여미지如美知식물원입니다. 열대림 한가운데서 생명을 꽃피우고 하늘을 찌를 듯한 기세로 선 아보카드 짙푸른 잎사귀 앞에서 걸음을 멈춥니다. 파초 잎 그늘이 하도 넉넉해 그 아래 쉬고 싶어졌기 때문입니다. 아프지 않은 생은 없다지만 어떠한 가난에도 사람은 살아지고, 그리고는 사라집니다. 사라져 간 사람들은 다 어디에 가 있을까요.

세포처럼 번져나간 여인초旅人蕉 잎줄기에는 수분을 머금고 있어 여행자가 목마를 때 이 물을 이용한다네요. 식물은 완상함에만 있지 않고 생명수 역할도 함이니 화초를 귀히 여기고 가꾸어야 할 또 다른 이유입니다. 〈어린왕자〉의 바오밥나무는 너무 빨리 자라고 오래 사는 데다 뿌리는 왕자의 별에 구멍을 뚫어 근심

거리였다지만 여미지의 바오밥은 지친 여심旅心에 생기를 주는 그저 잎새 푸른 제주의 나무일 뿐입니다.

마음속에 제주를 품은 그대여.

한경면에 자리한 '생각하는 정원'을 보셨는지요. 정교하게 손질된 분재 화분들이 수도 없이 도열한 아름다운 정원에서 잠시 무엇을 생각해야 할지 어리둥절해집니다. 사람의 손끝이 만들어낸 분재 예술의 극치를 바라보며 아이로니컬하게도 자연미의 진정성을 떠올립니다. 식물도 나무도 자연 그대로 숨 쉬게 할 때 편안하지 않을까 하는 마음은 분재에 대한 식견이 없는 제 무지의 소치일까요. 그지없이 아름다운 아방궁은 그러나 성터처럼 고요합니다. 조금 비싼 입장료를 현실화하면 어떨까도 생각하게 하니 여하튼 '생각하는 정원'은 그 이름값을 하나 봅니다. 이럴 때 한 잔의 따뜻한 차가 생각납니다.

다도茶道를 즐기는 그대여.

녹차 하면 보성 차밭을 떠올리던 내게 제주에도 이리 넓은 녹차 밭이 있음을 미처 알지 못했습니다. 탐라의 순후한 바람결과 현무암의 토질이 그렇게 구수한 태평양설록차의 맛을 일군다는 것도 처음 알았지요. 현대식으로 다듬어진 전시관의 소란함 속에서도 연녹색의 다향을 입술로 음미합니다. "차 한 사발은 바로 참선의 시작"이라며 다선일여茶禪一如를 주장했던 이규보는 지금 여기 없으나 잎차 한 잔의 깊은 맛은 선禪의 경지까지도 이르게 하겠지요. 차와 술은 불이不二라고 했으니 술에 취하지 않고는 시를 지을 수 없었다던 그는 혹여 술의 해독에서 벗어나려고 차를 마시지나 않았을까요.

제주를 그리는 그대여.

잠시라도 생의 중압감 내려놓고 깊은 휴식과 침묵 속에 거하고 싶을 때 제주도 서귀포로 오십시오. 해안선 일주도로를 돌아 산방산 정상에 서면 난바다 푸른 물결이 다 내 것입니다. 존재가 점으로 좁혀지는 왜소감이 있지만 그러나 세상은 점이 모여 원을 이루고, 나 또한 지구 속의 한 개체임을 실감하지요. 예전에 나는 몰랐었지요. 그러나 이제는 압니다. 너 나 없이 인생들이 떠 있는 곳이 망망대해라는 것을.

흐르고 또 흐르다 보면 그때 우리는 근원에서 다시 만나게 되겠지요.

선운사 가는 길

　구월은 설익은 새댁의 미소다. 시월처럼 가을의 정취가 묻어나지 않으면서도 늦여름의 열기가 묻어 있으니 아직은 잔서 따가운 미련의 계절이다. 높이뛰기 선수가 잠시 숨을 고르듯 무성하던 수목들도 이제 서서히 낙엽을 예비한다. 계절이 바뀔 때마다 떠나고파지는 마음은 사람은 어차피 시간이란 길 위에 서 있는 여행자이기 때문이 아닐까. 그러고 보면 세월은 수레바퀴요 인생은 강물이다. 앞으로만 떠밀려 나가는.
　강가에 서 본 적이 있다. 말없이 흐르는 강물은 바다와는 또 다른 유장함이 있었다. 골짜기의 조급함도, 시냇물의 움직임도 모두 수용한 여유가 흡사 대인을 닮은 기질이었다. 흐르고 흘러 바다에 닿으면 노쇠한 강심이 짓물러 삭을까봐 그래서 바다는 소금으로 간을 하는 건지도 모른다.

선운사 꽃무릇을 보러 갔다. 곡식이 여무는 계절에는 바람결에도 단내가 묻어난다. 전북 고창의 지방도라 하나 우리 산야는 어디고 낯설지 않은 정겨움이 있다. 길목에서 만난 '미당 시문학관'의 표지판은 또 다른 반가움이었다. 그러나 고향 질마재 들녘을 지키고 선 문학관의 자태는 쓸쓸한 외로움이었다. 마을회관이나 면사무소인 줄 여겨 짐짓 스친 그곳이 폐교를 이용한 문학관인 줄을 몰랐기 때문에 더욱 그랬다. 좁은 논길에서 간신히 자동차를 돌려 찾아선 입구에는 간판조차도 담쟁이 넝쿨에 가려져 보이지 않았다.

운동장 한켠 느티나무 평상에서 할머니 한 분이 밭에서 갓 뽑은 땅콩을 한가로이 소쿠리에 고르고 있었다. 그 흙냄새에서 미당을 키운 바람소리가 스쳤다. 신발장의 실내화를 꺼내 신고는 빈 교실 안으로 들어선다. 상장이며 서책들이 보관된 흔적의 공간에는 시인의 땀내가 묻은 옷가지가 걸려있고 열린 이불장 사이로는 두터운 솜이불에 세월의 먼지가 켜켜이 쌓이고 있었다. 너무 잘 손질되고 정형화된 문학관의 외양에 길들여져 온 탓일까. 찾는 이 없이 홀로 선 적막 앞에서 허전한 마음에 휩싸인다.

외양이 물론 내실을 따르진 못하겠지만 보고 기리는 이가 없다면 사람의 흔적이나 보관인들 무슨 소용이 있겠는가. 선운사 동백꽃이 시인으로 인해 더욱 커졌다면 그의 문학관은 마땅히 인파로 들끓는 선운사와 함께해야 할 것이다. '동리목월문학관'이 불국사 맞은편에 정좌하고 '청마문학관' 이 통영 기상대 옆에 자리하고 있음은 문인의 기상이요 그 문학적인 업적에 대한 예우가 아닐까 싶다. 미진한 마음을 시인의 화사집花蛇集 한 권을 손에 든 걸로 대신한다.

 그림 같은 오솔길이 이어지는 선운사 고랑에는 도란거리는 개울물 소리가 시간마저 잠재운다. 여울목 음지에서 무리지어 피어난 다홍색 꽃무릇, 언제부터 이 꽃이 여기에 피어났을까. 남녘에선 눈에 익지 않은 꽃이다. 연녹색 꽃대 끝에 매달린 붉은 면류관은 활활 타오르는 불꽃 왕관인가. 한 몸으로 태어났으되 꽃은 잎을 보지 못하고, 잎은 꽃을 보지 못하니 상사화라고도 불려지는 애련의 연緣이다. 한 줌 빛을 구걸하러 결코 구부리지 않는 도도함, 구도하듯 응달에서 피어났으나 그 고아한 자태는 범접하지 못할 기품마저 서려있다. 사찰 입구 밭고랑에는 아예 무리지어 피어나 그 화려한 불꽃 잔치는 사진가들의 발길을 불러 모은다. 천국의 오후에 선 나는 나른한 꿈에 젖어든다.

 새악시 시집간다. 잊히지 않는 동구를 넘어 고샅길 돌아간다. 산 넘어 고개 넘어 아산재를 지나간다. 이제 가면 언제 오나. 다홍 저고리 연두 치마 고운 아씨 돌아보네. 다소곳이 잡은 치마꼬리, 수줍은 자태로 피워 올린 선홍의 꽃술은 가늘게 하늘대는 떨잠의 흔들림이다. 곱게 빗은 머릿결 위에서 나풀대는 나비의 몸짓이다. 누가 너를 이리도 가벼이 흔들어 깨우더냐. 선운사 꽃무릇은 천상의 유혹이다.

 사찰 측에서는 메밀꽃축제를 준비하고 있었지만 무성하게 도열한 동백이나 은행나무도 꽃무릇의 아름다움 앞에 잠시 고개를 숙인 양이다. 선운사 동백을 보러 왔던 미당이 막걸리집 여자의 육자배기 가락만 듣고 갔듯이 아직은 일러 피지 않은 동백꽃은 나 또한 보지 못하고 짙푸른 이파리만 쳐다보고 섰다.

저문 가을해는 섣부른 로망을 오래 잡아두지 않는다. 부안의 변산반도를 돌아서 나오는 길, 하늘이 흐리더니 차창으로 어느새 빗방울이 스민다. 우중의 코스모스는 한층 애절한 여심을 불러일으킨다. 어설픈 문인으로서의 입문이 있던 날, 그 시상식을 변산반도에서 치렀으니 십 년 세월에 다시 도는 이 길이 감회가 없을 수가 없다. 나는 또 채석강을 스쳐 지나며 미당이 읊은 〈격포우중格浦雨中〉을 생각한다. 시인의 그날도 오늘처럼 비가 내렸을 터이다.

여름 해수욕이면 쏘내기 퍼붓는 해 어스름.
떠돌이 창녀시인 황진이의 슬픈 사타구니 같은
변산 격포로나 한 번 와보세

질펀한 모국의 언어로 한국인의 정서와 고향을 묘사한 미당의 시 정신, 아무래도 선운사 여정은 늘 그와 함께한 동반여행이었다. 어느 무르익은 가을날, 나는 또 다시 선운사 꽃무릇을 보러 가리라.

순명이었을까

 5세기 무렵에 융성했던 대가야大加耶제국의 고분 답사를 떠나던 날, 의식의 끈을 잡고 놓아 주지 않는 일 하나가 있었다. 그것은 순장殉葬에 대한 관심과 궁금증이었다. 인간에 대한 인간의 지배와 예속관계는 산 목숨마저도 버리게 했음인가. 선사시대 이래 사람들은 사후세계가 있다고 믿어왔다지만, 상전의 죽음으로 인해 정지된 삶을 맞닥뜨린 순장자의 입장에서는 저항 없이 그 운명을 받아들였을까. 결코 아닐 것이다.
 아프고도 슬픈 역사가 켜켜이 배인 땅, 그러나 지금은 역사의 흔적에서 사라진 땅, 그 땅을 찾아 마음의 영토를 넓혀가는 길에 찻길 내내 장맛비가 함께했다. 왕조 520년을 이어오다 신라에 병합된 대가야, 조선왕조 오백 년보다 긴 역사를 가졌으나 후세 사람들은 삼국시대를 알고 있어도 사라진 제국의 이름을 기억하지 못한다. 천오백 년 전 왕실의 도읍지 고령, 거기서 무슨 일이 일어났던지도.

두 시간 남짓 회색 빗길을 달려온 자동차가 멈춘 곳은 대가야 박물관 앞이었다.

깨끗하게 단장된 외관, 천년을 뛰어넘는 역사의 공간에 이르는 길은 계단으로부터 시작됐다. 안으로만 좁혀진 시선을 밖으로 돌려 시간 저 너머의 공간여행에 이르는 길, 어둑선한 조명 속으로 스며든다. 고령읍을 병풍처럼 감싸는 산 위에는 왕족과 귀족들의 무덤이라 추정되는 크고 작은 이백여 기의 무덤이 분포돼 있다.

후일에 남명 조식은 젖무덤처럼, 낙타 등처럼 산 정상에 뭉긋뭉긋 솟아 오른 왕릉을 보고 놀란 나머지 "산 위에 저게 뭣꼬." 라고 말했다는 기록이 남아있다. 이렇듯 고령에 남겨진 대가야의 흔적은 수많은 고분의 유적이다.

왕릉의 축조 과정이 일반 사가의 장례 예절과 같을 수는 없을 터, 주변국에 왕의 부음을 알리고 책임자를 두어 무덤의 위치를 정하고 순장자를 정하는 일이 수개월, 혹은 수년이 걸렸다고 하니 시신은 별도의 장소에 임시로 안치했을 것이다. 순장자라… 눈을 감고 망연한 심경으로 나도 그 명단의 반열에 서 본다. 뜬금없이 죽어야 하다니, 생명의 욕구는 인간의 기본 욕망이다. 아무리 순장의 풍습이 죽은 뒤에도 현세의 삶이 그대로 지속된다고 믿었던 고대인들의 계세사상繼世思想에서 비롯됐다지만 미개한 시대적 산물 앞에서 희생된 목숨인들 얼마나 많았을까.

지산동 44호분에서는 모두 스무 명 이상의 인골이 출토되었다. 무덤의 석실 안에는 내세 생활에 필요한 창고와 부석실이 있고 시종, 창고지기, 시비侍婢, 전사 등이 나란히 함께 누웠다. 그러나 몇몇 시신의 두개골에 구멍이 나 있다는 것은 분명 누군가가 순장을 운명으로 받아들이지 않았다는 사실을 입증하지만 저승까지 따라가 왕을 지킨 호위무사의 영원한 안식은 눈물겹기만 하다. 어린 나이에 입궁했음인가. 십대 여자아이 둘이 나란히 누운 석곽도 있다. 한데 아비의 부정父情이 새겨진 영원한 딸 사랑의 돌 넛덜石槨 앞에서는 발길이 머문다.

　삼십 대 남자와 여덟 살 딸아이의 순장 터, 눈에 넣어도 아프지 않을 딸을 품에 안고 천오백 년이 지나도록 손을 놓지 않은 아버지의 사랑이 바스러진 유골에서 아직도 되살아나고 있다. 순간 나는 무너지는 가슴을 주체치 못한다. 이렇게도 무정한 일이.

　'그날은 개다리소반에 한 상 푸짐하게 받았었네. 고기반찬에 이밥도 먹었을 터.

　아가, 애비 손을 꼭 잡아라. 아부지, 어디 가는 거야? 이제 영영 함께 사는 곳으로. 아아 아부지, 그런데 앞이 안 보여. 숨도 쉬어지지 않네. 아가야, 조금 있으면 우린 다시 사는 게야. 아비의 흰 버선발이 둥둥 천상으로 날아오른다. 흰 소지 종이처럼 훨훨 높이높이 떠오른다. 어린 딸의 손을 꼭 잡고서.'

　처연한 슬픔을 안고 걸어 나온 바깥세상은 아직도 비가 내리고 있었다. 울창한 숲길 지나 산언덕에 있는 주산의 고분을 답사코자 했던 발길을 돌려 '왕릉전시관'으로 들어선다. 묘한 느낌이다. 무덤 안은 분명 누구도 알아서는 안 될 사자死者의 세계가 아닌가. 지산동 고분을 그대로 재현해 놓은 전시관은 방대한 무덤 내부를 입체적으로 내려다볼 수 있는 구조다. 왕의 자리인 으뜸 돌방을 중심으로 방사형으로 수많은 순장 돌넛덜이 배치돼 있다. 왕이 누운 주석실主石室만 평수가 깊고 넓을 뿐 순장자들의 석곽은 겨우 몸 하나를 누일 만한 두께이니 사후에도 차지하는 한 뼘 땅의 너비는 신분의 차이만큼이나 현격하기만 하다.

무덤 속 세계를 벗어난다. 우기에 휩싸인 후텁지근한 열기, "맴~맴맴~" 녹음 사이로 울어대는 매미 소리가 애련하다. 유기된 삶을 마감한 순장자들의 진혼제인가. 음울한 하늘 아래 그 소리 소슬하기만 한데 어깨너머로 한줄기 서늘한 바람이 스쳐 지나간다. 땅도, 부는 바람도 그대로인데 천 년 전 그 여름에 불던 선들바람도 이렇듯 시원했을까.

눈을 감는다. 타래처럼 이어지던 어지러운 관념의 시각이 전신주의 소실점처럼 한곳으로 모아지는 시각, 거기 대가야제국의 도읍지에 내가 서 있다. 고요하다. 시공을 넘어 아득히 역사는 흐르고 거짓 순명에 휩쓸려간 순장자들의 넋이 거문고 가락처럼 바람의 현을 타고 애달프게 흐른다. 강물 같은 인생도 함께 흐르고 있다.

박수 소리

해거름 무렵이었다. 뜬금없이 전화벨이 울린다. 저쪽에서 대뜸 하는 말이 '지금 나하고 둘이 여행을 떠나자.'고 한다. 내일도 모레도 아니고 지금 여기 이 순간에 곧 바로 떠나자는 친구의 제안이 맹랑한 매력이다.

'여행? 좋지. 그럼 가야지.' 나의 즉답이다. 오히려 내 쪽에서 희불자승하였는지도 모른다. 그 순간 마주친 박수가 통통 튀는 소리가 전화기 속에서 울렸다.

즉시 가방을 챙기면서 마음속 기쁨의 파도가 일렁인다. 지명을 넘어 이순을 지나 불유구가 내일인데 생각 하나 일으킴과 동시에 떠날 수 있는 일탈의 여유쯤이야 다 지니고 사는 법. 남편에겐 여행지에서 연락하리라. 그때 '여보, 일 년만 나를 찾지 말아주세요.'로 시작되는 문정희의 시가 떠올랐다. 이렇게 저물녘에 갑자기

받은 한 통의 전화로 공기와 먼지 속에 떠돌아다니는 또 다른 나를 만나러 가는 길에 오르게 됐다.

　화장도 별로 안 하니 가방 속 짐이 가볍기만 하다. 파자마 칫솔 등속이면 충분하지. 동갑내기 여인네와 단둘의 동행은 바람처럼 걸리는 게 없다. 며칠 후에 오든 그것은 마음이 시키는 대로다. 자동차 부속품 같은 쳇바퀴를 벗어나 홀랑 감행하는 일탈의 실천. 이 친구 정말 생활의 멋과 맛을 아는 사람이네?

　"왔어요." 이내 도착 문자가 딩동! 전해진다. 콘도 회원권을 소지한 그의 차가 집 앞에 도착했다. 가방을 든 나는 쓰윽 웃으며 운전석에 털썩 주저앉는다. 어둠은 이미 도회의 거리를 잠식했고 이른 봄날의 차 안은 따뜻하고 편안했다.

　어둠 속에서 둘은 고속도로를 두고 일부러 해안도로를 달린다. 차창 너머로 철썩이는 파도소리가 들렸다. 오래전 동해안 끝 지점에 있던 수녀님을 찾아갈 때도 이 도로를 지나며 듣던 석양의 해조음이다. 반복되는 남편의 돌출행동을 참을 수 없어 달랑 편지 한 장 남기고 떠났던 최초의 일탈행위였다. 그때는 새댁이었고 지금은 흰 실밥을 머리에 이고 있을 뿐 존재는 여전히 길 위에 섰다.

　두어 시간 달렸을까. 성수기가 지난 한밤의 프런트는 조용했다. 숙소에 간단한 여장을 풀었다. 아직은 차가운 밤바람, 따뜻한 온돌이 마음을 푸근하게 녹여준다. 남편에게는 여행지에 와있음을 전화로 통보한다. 약간 놀라는 기색, 그러나 별로 개의치는 않는다. 저녁을 먹지 않았음이 그제야 생각났지만 그런 건 아무래도 좋았다. 장년의 두 여인네, 계획 없는 여행을 불쑥 떠날 만큼 언제부터 이리 친해졌을까?

사실 어릴 적부터의 단금우는 아니었다. 모임을 통해 친분을 나눴지만 같은 감성을 가졌고 바라보는 지향점이 같다는 게 우선이었다. 그녀는 성격이 순연하고 입술발림이나 면치레를 할 줄도 모른다. 전문직인 자기 일에도 독선이나 아집이 없고 카리스마를 빛낼 때의 의사표시는 분명했으니 황혼의 지기知己로는 짝을 만난 셈이었다. 어떤 때에는 가끔 내 수필의 소재가 돼주기도 했다.

내가 진정 아끼는 만병통치약은 희석되지 않은 순수한 아침공기 한 모금이다. 새벽을 사랑하는 이의 숨결은 호수의 수면처럼 잔잔하다. 동창이 밝아올 무렵 강가로 새벽산책을 나갔다. 수면 위는 안개가 짙어 세상이 온통 푸르스름한 모기장 속에 갇힌 듯했다. 작은 박새들이 나무 사이를 포르릉 날아다니며 호젓한 강변의 아침노래를 부른다. 간밤에 흘린 하느님의 눈물이 새들의 깃털에 고요히 이슬처럼 맺히고 있었다. 꽃은 아직 피지 않아도 마음이 먼저 봄을 불러들였다.

강과 숲이 어우러진 길고 긴 산책로에는 사람의 발길이 없다. 침묵하는 호수와 나무들이 전부 내 것이니 이만한 자연정원을 가지는 일은 새벽잠을 줄인 자만의 행운이다. 두 여인이 벤치에 앉아 한 곳의 수면을 응시한다. 언어가 사라진 뒤에야 비로소 마음을 보기 시작한다. 우리 각자는 한 그루의 큰 나무, 지친 길손에

쉼터가 돼주는 역할을 한 번이라도 생각해본 적이 있었던가.

　문인에게 글이란 과연 무엇인가. 그것은 허한 가슴을 채워주는 한 그릇의 밥이다. 생애 중 다른 이의 기억에 남을 한 편의 글을 쓸 수 있다면 그나마 보람인 것을, 이상은 하늘에 걸렸고 필력은 따라주지 않아 연연했던 나날들이 시간의 그물망에 걸려있다. 버리고 살아도 좋을 무위의 거미줄들을 걷어 이 새벽 저 물속으로 던질 수만 있다면.

　오후 시간에 잠시 양동마을에 들른다. 오백 년 전에도 누군가 앉았을 반들반들 윤기 나는 마루에도 앉아보고 손때 묻은 문고리도 잡아본다. 수없이 연기가 피어올랐을 굴뚝과, 글 읽는 소리가 밴 사랑채도 들여다본다. 그리고 숱하게 반복된 생로병사의 흔적이 담긴 고택에서 그 긴 세월을 헤아려본다. 역사는 끊임없이 반복되는 것. 머플러를 두른 두 여인의 발걸음도 역사 속에 묻어놓고 천천히 돌아선다.

　시간표에 구애함이 없으니 배고프면 먹고, 피곤하면 쉬곤 했으나 식후 식곤증은 피할 길이 없다. 강원도 홍천의 뱃재고개처럼 지형 험한 산길은 아니어도 낯선 길 운전은 교대로 한다. 둘이 동시에 찾아온 졸음에 잠시 차를 세운다.

　잔잔한 물결이 바라보이는 졸음쉼터에서 잠시 눈을 붙이는가 했는데 깨어보니 한 시간이 훌쩍 지나갔다. 꿀잠이었다. 늘 시간은 기어가고 세월은 날아간다고 믿었는데 이럴 때는 그 반대의 경우다.

나날의 무늬는 다 다르다. 그것이 지루한 일상을 바꿔주고 살게 하는 이유다. 잠시 생활의 변화를 준 여행에서 돌아와 햇살이 졸고 있는 화초들의 의자에 앉아 조용히 생각한다. 해거름에 단행한 불시여행, 어쩌면 그것은 대성전에서 한 번쯤 보게 되는 스테인드글라스의 빛 같은 것이었는지도 모른다고.

삼월 중순, 주황색 군자란이 입술을 내밀고 분홍빛 오로라가 새 잎눈을 틔운다. 베란다 정원에도 이제 막 봄의 향연이 시작되고 있다.

배소配所의 고독

　가족의 겨울여행을 위한 검색 전에는 남해에 '유배문학관'이 있는 줄도 모르고 있었다. 하긴 올해 개관 2주년을 맞았으니 그럴 만도 했다. 목적지였던 〈편백 자연휴양림〉은 겨울 숲의 쓸쓸함만 주었을 뿐, 다랭이마을의 민박보다도 의미 있었던 시간은 유배문학관의 만남이었다. 남해 외곽 남변리에 위치한 문학관은 황량하게 넓고 광활했다. 마침 추적추적 겨울비마저 내리고 있어 시설규모의 방대함에 비해 사람 발길이 뜸해 매우 한적한 분위기였다.

　유배객들이 형틀에서 감옥으로, 다시 유배지로 압송되는 과정을 체험하는 동안 그들 고통이 출렁이는 물결 타고 내 안으로 스며들기 시작했다. 그들은 유배지의 한없는 고독가운데서도 임금과 가족을 그리며 문학의 꽃을 피운 숭고한 혼들이었다. 늦은 밤 외딴섬의 호롱불 하나, 선비의 한과 넋은 오롯이 작품 속에서 다시 살아난다.

  공동체를 생활기반으로 삼는 조선사회에서 유배형은 종신토록 생활공동체로부터의 배제를 의미하는 혹독한 형벌이다. 절대권력 앞에서 억울한 참형인들 얼마나 많으랴만 그들은 하늘같은 어명 하나로 세상과 유리돼 참혹한 시간들을 견뎌야 했다.

  유배문학의 효시는 고려시대 동래로 귀양 간 '정서'가 지은 〈정과정〉이라 볼 수 있으나, 조선시대에는 '조위'가 무오사화 때 전라도 순천에 유배되어 지은 〈만분가〉를 유배가사의 효시로 꼽을 수 있다고 전한다.

  자암 김구自庵 金絿는 〈화전별곡花田別曲〉에서 남해를 망망대해에 뜬 한 점 신선의 섬에 비유했다. 조광조와 함께 도학정치를 꿈꾸던 그는 기묘사화 때 32세 젊은 나이로 남해에 유배됐다. 절대적 권력 앞에 항거한 유학자는 이후 십삼 년간 남해 향사들과 함께 시와 술로 마음을 달랬으며 노래와 구슬픈 거문고 소리가 있어 그나마 잠들 수 있었다.

  문학관 한쪽 벽면을 커다랗게 채운 '서울이 부러우냐?'는 편액 앞에서 발걸음이 오래 머문다. '서울의 번화함이 너는 부러우냐./ 붉은 대문 안의 술과 고기가 너는 좋으냐./ 돌밭 초가에서 살아도/ 언제나 세월의 풍족함으로 화합하는 시골 모임을 나는 좋아하노라.'

  날마다 고향 그리며 봉우리에 올랐으나 소식은 아득한 채 산과 바다만 겹겹이 쌓인 배소에서의 생활, 모친과 아내가 보낸 옷과 환약을 받으며 술잔 가득 넘치는 상념을 사향思鄕이란 시에 담기도 했다. 권력의 허망함을 너무 일찍 깨달은 자암은 귀양지의 절망을 오히려 초월적 문학정신의 경지로 승화시킨 것이다.

남해의 대표적 유배객이었던 서포西浦 김만중金萬重은 장희빈 일가를 둘러싼 언사의 변으로 유배형을 받았다. 〈서포만필〉에서 그는 한글예찬론을 펼쳤다. 문학관 초입 벽면에 새겨진 말처럼 '자기 나라 말을 버려두고 남의 나라 말로 시문을 짓는다는 것은 앵무새가 사람의 말을 하는 것과 같다.'고 하며 한자 숭상의 풍토를 비판하고 우리말 우리글의 중요성을 강조했다.

자신의 한글예찬론을 증명이라도 하듯 그가 쓴 〈구운몽〉과 〈사씨남정기〉는 한글소설시대를 꽃피우는 징검다리가 됐다. 숙종이 인현왕후를 폐하고 희빈 장씨를 왕비로 맞아들이자 왕의 마음을 바로잡기 위해 씌어진 남정기는 목적소설로 알려지고 있다.

작중인물의 사씨 부인은 인현왕후를, 유한림은 숙종을, 요첩妖妾 고씨는 희빈 장씨를 각각 대비시킨 것으로 궁녀가 이 책을 숙종에게 읽도록 하자 회개하여 인현왕후 민씨를 복위하게 했다는 일화가 전해진다. 서포는 소설을 통해 나라를 바로잡고자 했던 충忠과, 사친시思親詩에서 어머니 해평윤씨를 그리는 효의 마음을 담았다.

김만중이 배소에서 생애를 마치자, 숙종은 만중의 사위 이이명을 남해로 유배지를 옮기게 했다. 이이명은 장인의 적소에 들러 유해를 보지 못함을 안타까워했다. 김만중의 적소는 황폐했고 마당에는 오래 전에 시든 매화나무 두 그루가 있었다.

    사위는 매화를 자신의 우거에 옮겨 심어 다시 소생시키고는 동시대의 아픔을 함께 나눴던 장인과 사위의 애틋한 정을 〈매부梅賻〉를 지어 노래했다. 지금도 노도에는 서포김만중의 유허지가 당시의 정황을 말해주듯 고즈넉한 초가의 모습으로 남아있다.

    남해의 노도와 그때 불던 바람은 고독했던 선비정신과 우국충정을 기억하고 있을까.

    어두운 밤 깊어가는 적막 속에서 오래도록 책을 읽던 선비의 호롱불을 생각하며, 엄혹한 시대의 아픔을 몸으로 견뎠던 그 절망의 사념 속으로 들어가 본다. 단비처럼 내리는 쓸쓸한 평화는 없을지라도 서책과 문학이 있었기에 기다림을 간직한 숱한 번민의 밤을 새울 수 있지 않았을까. 그 아픔의 시간들이 오늘날 활짝 핀 유배문학의 꽃으로 피어났다.

    인생은 유배다. 먼먼 별에서 지구로 흘러 들어온 유랑민들. 근원적인 좌절과 고뇌를 벗어날 수 없는 우리네 삶의 자리는 고독과 그리움의 가시로 위리안치圍離安置된 유형의 섬이다. 결국 혼자일 수밖에 없는 인간의 한계는 적막한 배소에서의 어둔 밤에 비유할 수가 있음이다. 여행에서 돌아와서야 그런 생각이 들었다. 남해 유배문학관을 돌아볼 때만해도 시대를 역행해 아픈 시간들을 견뎌야 했던 유배객의 설움만을 마주했었다.

    겨울비를 맞으며 유배문학관을 돌아 나오던 날, 풀리지 않는 생각의 실마리들이 마음속에 크게 회오리를 쳤다. 그것은 남해바다의 성난 파도 소리였을까.

노도櫓島에 부는 바람

 노도를 떠나올 때 뱃전의 옆자리에는 현지 할머니 한 분이 앉아 있었다. 사월 바람은 쌀랑했고 물결은 바닷속처럼 고요했다. 작은 쪽배가 미끄러지기 시작하자 서포김만중의 유허지 노도는 푸르른 적막을 간직한 채 시야에서 점점 멀어지고 있었다. 마음은 착잡했고 가슴속에 담은 시린 정감은 별로 입 밖으로 내서 말하고 싶지도 않았다.
 출렁이는 물결을 담담히 바라보는데 갑자기 허기가 밀려왔다. 때는 열두 시였다. 나는 배낭에 든 김밥을 꺼내 옆에 앉은 할머니에게 절반을 권했다. 노도 포구의 오래된 팽나무 그늘에 앉아 배를 기다리며 서포가 살던 집에 대해 이것저것 역사의 자취를 묻기도 했던 그 할머니였다.
 할머니는 은박지에다 다소 풀린 김밥을 곱게 쌌다. 아직 시장

기가 동하지 않은 듯했다. 그러더니 보퉁이에서 무언가를 부스럭 거리기 시작했다.

"이거 변변찮지만 가져가서 먹어요." 제법 불룩한 비닐봉지를 열어봤더니 방금 딴 머위가 소복이 들어있었다. "우리 밭에서 내가 딴 건데 다듬지 않아도 될 거유." 만져보니 정말 겉에 센 줄기마저 일일이 벗겨내 맨들한 속 줄기가 야들하고 부드러운 맨살 촉감으로 잡혀왔다. 머위줄기를 다듬느라 손톱이 까매지곤 하던 기억이 언뜻 스쳐가 고마움이 더욱 배가됐다.

그리고는 어머니의 뒤란이 떠올랐다. 친정집 뒤란에는 머위가 지천으로 널려 있곤 했다. 이맘때면 줄기차게 뻗어가는 머위 잎의 쌉싸래한 맛은 시든 입맛을 돋우는 감칠맛 나는 봄나물이었다. 어머니가 뜯어주는 한 아름의 머위 잎사귀는 털이 보송한 센 줄기를 죽죽 발라내고 데쳐서 쌈으로 즐기기도 하고 들기름에 볶아 무쳐 먹으면 그 맛이 일품이었다.

조선조의 문신이요 소설가였던 김만중金萬重은 예학禮學의 대가인 김익겸의 유복자로 태어났다. 익겸은 병자호란 시 조정이 청나라 침략군에게 항복하자 그 울분을 참지 못해 강화도에서 자결하고 만다. 그의 처 윤씨 부인은 당시 만삭의 몸이었다. 그는 한양의 친정에서 곁살이를 하며 복중 태아였던 만중을 키웠는데 곤궁한 처지에도 아들 교육을 게을리하지 않았다. 관헌에게 책을 빌려다 손수 베껴서 주기도 하고, 베틀 위의 비단을 잘라 책을 사다주는 등 혼신의 힘으로 아들을 길러냈다.

어려서부터 어머니에게 글을 배웠고 숙부의 가르침을 받았던 만중은 스물여덟에 과거시험에서 장원급제해 암행어사가 되어 경기도와 삼남지방을 두루 다스렸다. 후일 점점 높아진 벼슬은 예조참의, 공조판서를 거쳐 홍문관의 대제학이 되었으나 곧은 성품으로 조정의 미움을 사게 돼 한반도의 끝인 외딴 섬 남해로 귀양을 가게 된다.

그의 어머니는 자식이 슬퍼할까봐 조금도 괴로운 내색을 하지 않고 "내 걱정일랑 하지 마라. 나는 네가 옳다는 것을 믿는다. 언젠가는 상감께서도 너를 용서하실 테니 아무 근심 말고 가거라." 하며 아들을 위로했다. 만중도 태연히 작별인사를 했으나 아버지 없이 온갖 고생을 하며 길러낸 자식을 귀양보내야 하는 어머니를 생각하면 참혹하기 그지없었을 것이다.

하기는 귀양살이에도 네 가지 즐거움이 있었다고 하던가. 간섭하는 이 없으니 해가 뜨도록 늦잠을 자는 일, 푸른 해풍을 벗 삼아 산책하는 일, 책을 읽는 재미와 집필의 낙이 있다고 했으니 만중은 네 번째의 즐거움을 대부분 어머님을 위로하는 소설쓰기에 매달렸다. 그렇게 태어난 것이 숙종 때 한글소설문학의 선구자가 된 〈구운몽〉과 〈사씨남정기〉였다.

꿈과 현실의 세계가 교차되는 구운몽, 꿈의 세계는 욕망을 추구하는 세계요 현실세계는 인생이 일장춘몽이라는 깨달음의 소설이다. 인간의 모든 부귀영화는 덧없이 사라지며 욕심과 집착을 비울 때 진정한 자아가 완성된다고 했으니 우리는 지금 꿈과 현실의 어느 지점을 추구하고 있을까.

남해군 상주면 백련포구에서 조금 떨어진 섬 노도는 김만중이 유배지에서 위리안치 된 지 삼 년 만에 56세의 일기로 안타깝게도 생을 마감한 곳이다. 노도는 임진왜란 당시 노를 많이 생산했다 해서 노도라고 부른다 했다.

숙연한 마음으로 선배 문인의 유허지를 돌아본다. 주인 떠난 지 삼백여 년이 지난 지금도 그가 직접 팠다는 샘터, 초옥 터와 허묘가 남아있었다. 호롱불 아래서 밤늦게 어머니를 그리며 사친시思親詩를 썼던 김만중의 숨결이 고도의 바람결에 실려 오고 실려 갔다.

만중의 혼백이 선물로 준 그날의 머위 나물은 여러 집에 나누게 됐으니 서포가 내게 준 정표라기엔 너무 특별한 봄날의 선물이었다.

포트딕슨의 밤배

 무더위를 떠나 또 다른 무더위를 찾아 나선 길, 휴양지 랑카위에 꽂힌 꿈이 빗나가 포트딕슨에 닿았다. 쿠알라룸푸르 공항에서 딕슨으로 향하는 길은 비포장도로의 열악한 황톳길이다. 우리네 육십 년대의 낙후된 정경들이 차창을 비켜나고 들판에 아득하게 도열한 팜나무들이 이국의 정취를 더해준다.
 상하의 나라 말레이시아, 기후 탓인지 눈길 닿는 곳이 모두 팜나무다. 기내에서 내려다보이던 무성한 야자수의 숲도 알고 보니 팜 나무였다. 말라카왕국 시절부터 번창한 향신료산업이 오늘날 말레이의 주요산업인 팜유의 주산지가 됐다고 한다.
 해변의 달빛은 푸르게 빛나고 있었다. 야자수 그늘이 하늘에 맞닿아 무르익은 칠월의 밤이 정염에 쌓였다. 한낮의 뜨거움을 피해 달밤에 야외수영장을 찾은 피서객들이 인어처럼 물속을 유영한다. 포트딕슨 해변의 선탠 의자에 비스듬히 등을 누이고는 하늘에 촘촘하게 박힌 별들을 바라본다. 해변과 달빛과 파도가 한데 어우러진 휴가지의 꿈, 지상에서 누리는 쉼표의 하루가 저문다.

  일상에서 지고 온 마음속 추의 무게는 내려놓으라고 달빛이 속삭인다. 철썩 처르르~. 파도 소리는 방파제 너머에서 거센 숨결을 내쉬는데 리조트의 푸른 밤은 또 다른 목소리로 가라앉은 심상을 다독인다. 휴가는 떠나온 자의 몫, 멀리까지 따라온 애린愛悋의 그림자는 애써 지우기로 한다. 딸아이와 함께 떠나온 모녀간 휴가여행의 편안함에만 몸을 맡기고 풍덩 수영장에 뛰어든다.

  새벽 해안은 잠잠하다. 정박한 유람선은 대양의 꿈에 젖어있다. 파도와 물살을 가르고 심장 박동을 뛰게 할 하얀 요트의 대열은 닻을 내린 채 출항 직전의 고요에 잠겼다. 해변에 마련된 호텔 조식을 위해 접시에 계란요리를 담아내자 참새 한 마리가 포르르 날아와 먼저 낚아챈다. 새들과 함께 먹는 아침식사다.

  호핑투어의 날, 바닷속을 보는 일은 신비다. 딕슨 해변의 은모래는 따갑다 못해 뜨겁게 밟혀 상하의 나라를 실감케 한다. 스노클링을 위해 뱃전에 부딪는 거센 물살을 헤쳐 말라카 해협을 가로지른다. 거칠게 성난 푸른 바다 어미의 품속을 찾아드는 작은 병아리들.

  구명조끼에다 호흡기와 안경을 착용하고는 용감하게 물속을 뛰어든다. 해저의 세계는 부연 안개로 흐린 듯 그 속살을 얼른 드러내지 않는다. 칠월 염천 가라앉은 한여름 열기는 바닷속도 용암처럼 부글거리게 하고 있었다.

천천히 물살을 헤집고 나가자 드디어 산호초와 열대어의 세계가 열렸다. 무한의 비밀을 간직한 소리 없는 바닷속 평화. 태초에 물고기가 있고 사람이 있었나니 신이 무엇을 먼저 만든지는 알 수 없으나 해저에도 지상에도 생명은 공존하고 있었다. 그 보이지 않는 엄연한 생명의 질서.

말레이시아 고대도시 말라카 언덕에는 세인트폴처치가 있다. 말레이 최초의 성당이 있던 자리에는 한쪽 손이 없는 F. 하비에르 신부님의 대리석 동상이 지키고 섰다. 그의 사후에 차마 떠나보내기 싫었던 한 신자가 신부님이 못 가게 잡고 싶어 손목을 잘랐다는 설명이다. 한국 가톨릭이 1700년대에 들어왔으나 말레이는 이미 1500년대에 전파됐으니 우리보다 이백 년이 앞선 아시아 최초의 가톨릭 선교지라 하겠다.

그러나 지금 이 나라 국교는 이슬람이다. 마침 라마단 기간이라 해가 지자 재래시장 같은 천막촌에 거대한 불빛의 식당이 열렸다. 전날 들렀던 국립이슬람사원의 기억들……. 머리 수건까지 가려진 보라색 전통 이슬람복장의 아랍 여인이 되어 맨발로 사원을 걸어가던 종교적인 체험, 그것은 전혀 새로운 문화와의 만남이었다.

사철 무더운 나라라 어디든 열대과일의 천국이다. 매점에서 망고스틴 7링깃을 주고 샀다. 우리 돈 삼천 원도 채 안 되는데 거의

한 바구니다. 속살이 하얗게 마늘쪽처럼 생긴 과일인데 과즙이 달콤하고 부드러웠다. 호텔 객실에 들면 하얀 레이스접시에 오색 과일이 정갈하게 놓여져 있기도 했다.

여행의 추억은 밤배의 기억과 함께한다. 작은 조각배는 통통대는 모터 소리를 내며 달 밝은 강기슭을 미끄러져 나간다. 강폭은 좁았다가 점차 넓어졌다. 아마존으로 떠나듯 미지의 세계로 향하는 밤배는 띠몬 강의 물살을 가볍게 가른다.

마침내 여름밤의 강 숲에 성탄트리가 활짝 폈다. 강폭의 양쪽 맹그로브나무에 매달린 반딧불이 무리들. 환상이요 신비다. 띠몬 강변에 축제의 점등처럼 반짝이는 반딧불이 서식지는 자연이 주는 혜택이요 선물이다.

상현달마저 은은하게 비추어 별빛들이 지척인 양 반딧불이 빛과 합류한다. 천상과 지상의 은빛 제전. 별빛이 반딧불인가, 반딧불이 별빛인가. 강변에 스치는 상쾌한 밤바람을 마시며 뱃전에 기대어 손바닥에 강물을 담아본다.

쪽배가 강기슭에 닿자 맹그로브 가지가 손에 잡힌다. 일순 손바닥 안으로 살포시 날아든 반딧불이. 그러나 은빛 환상은 잠깐이었다. 손가락 사이로 모래가 빠져나가듯 이내 꿈처럼 반짝이는 초롱불은 머리 위에서 맴돌고 있었다.

잠깐이다. 손 안에 든 은빛의 꿈도, 지상의 행복도 모두가 잠깐이다. 이국의 밤에 깊어가던 여행의 추억도 한 편의 판토마임처럼 멀어져갈 것이다. 딸아이도 나도 반딧불을 손 안에 쥐어보던 잠깐의 행운을 가슴에 새기게 됐다. 무정한 밤배는 자꾸만 그렇게 멀어져갔다.

보스포러스 해협 그 푸른 물결

    그리스령 레스보스 섬을 바라보며 트로이로 향한다. 에게 해의 휴양지 아이발륵을 뒤로하고 고도가 높은 산 능선지대를 달린다. 고원지대 산언덕에는 한참을 가도 진초록 올리브나무가 주종을 이루고 있다. 유럽인들이 완벽한 기름이라 일컫는 올리브유의 나무가 해풍을 받아 바람결에 흔들리며 태양을 찬미한다.
    헥토르와 아킬레스의 역사적인 싸움, 알렉산더, 시저와 대시인 호메로스의 초상 등 고대의 흔적이 바로 눈앞에 펼쳐진다. 그러나 트로이의 역사를 함부로 보여주지 않겠다는 듯 세찬 비바람과 추위가 보통의 기세가 아니다. 점퍼의 후더를 올리고 모자와 마스크로 중무장을 해도 어깨가 떨리기는 마찬가지다.
    기원전 3천 년부터 로마시대 오백 년까지 발굴된 트로이 역사가 시대별 연표와 함께 설명된다. 입구에 설치된 커다란 목마는 트로이의 상징인 듯 역사와 시대를 거슬러 장대하게 서서 망망한 에게해를 바라보고 섰다.

지금은 호머의 〈일리어드〉로만 기억되고 있는 트로이. 일리우스(트로이 원 지명) 언덕에 서면 전설과 신화 속 이야기가 현실이 되어 꿈틀대기 시작한다. 트로이 목마이야기는 지진과 바다의 신인 포세이돈을 상징하는 것이 말(馬)인 연유에서 비롯된 전설이라는 것이 정설이다. 무너진 성곽 위에서면 누구나 메넬라우스군과 아름다운 왕비 헬레나를 차지하기 위해 십년전쟁을 치른 파리스 왕자를 생각하게 될 것이다.

오늘날 터키의 지방도시에 불과한 타르소는 고대의 소아시아에서 가장 손꼽히는 대도시였다. 클레오파트라 평전에 의하면 연인 카이사르가 죽은 후 안토니우스를 처음 만나던 장소가 바로 타르소 땅이었다.

당시 강으로 이어진 시가지에서 클레오파트라는 온갖 보석으로 치장한 배를 타고 강을 거슬러 올라와 안토니우스를 만났다. 선체는 황금빛이요, 바람을 받아 크게 부풀어 오른 닻은 가장 값비싼 색깔인 자주색이었으며 갑판 중앙에는 금실로 수놓은 장막이 좌우로 열려있고 그 아래 옥좌에 사랑의 여신 비너스로 분장한 클레오파트라가 앉아 있었다. 노예들은 은으로 만든 노를 저으며 피리와 하프 가락에 맞추어 춤을 추고 배에서는 형용할 수 없는 향기가 바람을 타고 날아왔다. 이 화려한 첫 만남에 안토니우스는 그만 혼을 뺏기고 말았다.

클레오파트라는 그의 마음을 사로잡기 위해 수단과 방법을 가리지 않았다. 행여 안토니우스가 권태를 느낄세라 늘 새로운 쾌락을 개발했고 날마다 산해진미에 악사와 무희를 동원한 화려한 볼거리를 제공했다. 끝내 안토니우스는 그녀의 노예가 되었고, 로마의 최고 권력자를 연인으로 둔 덕분에 그녀는 지중해 세계에서 가장 많은 재물과 권력을 소유한 여왕이 되었다. 팜므파탈의 원형 클레오파트라, 타르소가 사도 바오로의 고향이란 사실보다 클레오파트라 이름이 먼저 떠오른 것은 속된 치기였을까. 그렇다 치더라도 지명을 따라 연상되는 여인들의 이름을 따라 지중해여행은 이어지고 있었다.

에게 해의 물빛은 글로 표현할 수가 없다. 푸른가 하면 청잣빛이고, 쪽빛인가 하면 잉크색이다. 수평선이 하늘과 맞닿아 켜켜이 색깔의 층을 이루는 무한바다가 한없는 자유와 방랑을 충동질한다. 사월 봄볕이 유람선 갑판 위에 따갑게 내려앉는 날, 해수면 낮은 곳에 즐비한 유럽식궁전들을 바라보며 보스포러스 해협을 흘러간다.

흑해와 지중해를 잇는 지표면 그 이상의 의미. 운명이 허락한다면 만년에 이곳에 와서 살고 싶을 만큼 아름다운 항구다. 햇살에 반짝이는 모스크의 첨탑들은 이 나라가 이슬람국가임을 무언으로 말해준다. 붉은색 바탕에 초승달과 별, 터기 국기는 어디서고 바람에 높이 나부끼고 있다.

오스만제국의 콘스탄티노플이 포위됐을 때 뱃길을 이용해 이 도시를 지켰던 원형의 성곽이 눈앞에 우뚝 선다. 현재는 이 웅장한 성이 여름철 음악페스티벌의 장소로 쓰인다고 한다. 해변에 크림빛깔의 외관이 수려한 궁전식 호텔이 스쳐지나간다. 우리나라 노무현 대통령이 묵었던 숙소로서 하룻밤 숙박료는 팔백만 원이었단다.

권력의 허망함은 이슬처럼 사라져간다.

남편은 갑판 위 선상에서 눈을 지그시 감은 채 머릿결을 쓰다듬고 있다. 무슨 생각을 하고 있을까. 이번 보스포러스 크루즈 일정을 보면서 내 머릿속엔 전설적인 여류시인 사포를 떠올리고 있었다. 고대 그리스문화가 왕성했던 레스포스는 사포의 출생지이기 때문이다.

귀족의 딸로 태어난 사포는 어릴 때 정쟁政爭을 피해 시칠리아로 망명했다. 머리에는 월계관을, 어깨에는 붉은 망토, 손에는 황금의 하프를 들고 백마가 이끄는 마차를 타고 환호하는 군중에 휩싸여 고향인 레스보스 섬으로 귀향했던 것이다.

결혼 후 남편과 사별, 사숙을 열어 양가의 젊은 여성들과 함께 생활하며 시, 음악, 무용, 예의범절을 가르친 그녀는 그래서 한때 동성연애자의 의심을 받기도 했으니 레스비언의 어원이 사포의 레스보스에서 나왔다는 것이다. 아름다운 미모와 검은빛을 띤 피부의 사포는 다정다감, 소박하고 우미했으며 도의적 기품을 잃지 않은 시인이었다.

후일 파온이라는 젊은 청년에게 한없는 연정을 품었으나 그는 사포를 존경했지 사랑하지는 않았다. 이미 메릿타라는 처녀 노예를 사랑하고 있었기 때문이었다.

끝내 사포는 둘의 사랑을 축복해주고는 '인간에게는 사랑을, 신에게는 숭앙을, 당신들에게는 즐거움을, 그리고 나를 잊지 말아다오.' 하고는 두 손을 높이 든 채 에게 해의 깊은 바닷속으로 몸을 던졌다. 오늘날 호메로스는 '그리스 시의 왕'으로, 사포는 '그리스 시의 여왕'으로 불리게 됐다.

해협을 돌아 나오자 대형 모스크 옆에 앉아 한 노인이 어망을 손질하고 있었다. 일과 인생, 그의 삶은 흑해의 바다에서 고기 잡는 일이 전부였을까. 흰 수염, 시간을 초월한 듯한 그 표정이 오래도록 마음속에 남아 있었다.

실종

　세비야에서 딸을 잃었다. 대성당의 나선형계단 전망대에 올라 도시의 시내 전경 조망을 마친 후였다. 시간이 잠자고 있는 강물의 신비. 안달루시아의 중세도시를 가로지르는 과달카비르 강의 조용하고 유장한 흐름에 잠시 넋을 잃었을까. 들끓는 인파 어디에도 금방 옆에 있던 딸의 모습이 보이지 않았다. 순간의 일이었다.

　감청색 후더 점퍼를 쫓는 시선의 초점이 불안하게 흔들리기 시작했다. 경사 가파른 내리막길을 빠르게 내려올 때의 긴장감처럼 심장에서 쿵쿵 망치 소리가 났다. 지구 반 바퀴를 돌아와 이베리아 반도의 한쪽 끝 번잡한 모퉁이에서 다 키운 여식을 잃어버리다니.

　낯선 도시에서의 막막함은 경박했다. 이대로 아이가 나타나지 않는다면 어떻게 될 것인가. 가족여행을 떠난답시고 설레며 지도를 뒤적이던 시간들이 떠올랐고, 편한 운동화를 찾느라 모녀가

백화점 매장을 돌던 장면들도 잠시 떠오르다 사라졌다. 집결장소인 오렌지 공원에서 일행들은 이미 정해진 시각에 다음 장소로 이동하게 되자 곧 숨이 멎을 듯한 강박감에 사로잡혔다. 약속된 집결장소엔 두 사람의 인솔자와 우리 부부만 남게 됐다.

고색창연한 황금의 탑, 여왕의 비단 옷자락이 스쳐 지나간 마리아루이사 공원, 이슬람의 청색 건축 문양과 알함브라 궁전의 감동적인 기억들은 그때 내게 아무런 의미를 갖지 못했다. 오로지 딸, 딸, 딸, 이 아이는 도대체 어디로 사라진 것일까. 준수하게 생긴 스페인 로컬가이드와 함께 황당하고 다급해진 심경으로 아이를 찾기 위해 어둑선한 조명의 세비야 성당 안으로 다시 빨려 들어갔다.

아득한 천장 조각에 벽면 성인상과 그토록 화려한 스테인드글라스가 눈에 들어올 리 없었다. 정신없이 성전 바닥을 헤매는데 파란 눈의 가이드는 혼자 있는 아가씨를 볼 때마다 혹시 딸이 아니냐며 손짓으로 묻곤 했다. 그 동감이 고마웠다. 하긴 성전의 숙녀들은 모두 내 딸로 보였으니까.

얼마를 헤맸을까. 성마른 절망감에 털썩 땅바닥에 주저앉는데 멀리서 불현듯 딸아이의 모습이 눈에 들어왔다. 세비야 대성전 오렌지 정원의 매직이었다. 선글라스에 모자에 천연덕스레 혼자 나타난 딸애는 집결시간을 착각한 거라 했다. 잠시 동안이지만 에미를 사경에 빠뜨린 아이는 오히려 태연한데 그 이십 분간의 시각에 나는 지옥을 다녀왔다. 로마의 성 베드로 성당, 영국의 세인트폴 성당과 함께 세계3대 성당의 하나라는 스페인의 세비야 대성당에서.

세상의 수많은 가치 중에 핏줄만큼 중요한 것이 또 있을까. 혹자는 신념이나 종교, 민족이나 조국이라고도 하겠지만 내겐 아무래도 신앙심과 애국심, 그 이전에 나약한 모성이 더 우위라는 것을 이번 여행의 타는 목마름이 가르쳐주었다.

그러나 실종된 것은 딸아이만이 아니었다. 신이 부재하는 성소, 웅장함을 자랑하는 대성전에 미사의 전례는 사라지고 없었다. 열두 사도와 갖가지 문양이 새겨진 아름다운 창문, 금빛으로 번쩍이는 보석과 왕관들, 백 년에 걸쳐 지어진 으리으리한 성전의 규모에 압도되지만 먼지만 자욱이 앉은 성수대와 가리개로 가려진 황금제대 위에서는 어떤 신앙의 거룩함도 찾아볼 수 없었다.

세비야 카테드랄 내부에는 콜럼버스의 관이 안치돼 있는데 당시 스페인을 구성한 레온, 카스티야, 나바라, 아라곤 등 네 명의 국왕이 콜럼버스의 관을 메고 있다. 세비야를 번성케 한 콜럼버스는 대성당에 안치될 만큼 스페인에서 추앙받는 인물이었다. 그는 비록 스페인 출신은 아니었지만 당시 스페인의 막대한 지원을 얻어 신대륙을 발견하고 황금의 부를 가져다 준 공로를 인정한 것이라 하겠다.

그의 관 앞에서 수없이 터지는 카메라 셔터를 보며 엉뚱하게도 나는 우리 본당의 경건한 미사 분위기를 떠올리고 있었다.

한국의 시골 성당, 공소 신자들의 아늑하고 간절한 그리스도 신심들…. 중세 가톨릭의 화려했던 잔재 앞에서 잠시 허전한 비애가 스쳐 지나갔다. 그 허허로움은 터키의 성 소피아 성당을 찾았을 때도 같은 느낌이었다. 가톨릭의 종주국인 유럽에선 오히려 수도원이 문을 닫는다는데 천주교가 자생으로 뻗어나간 동방의 작은 나라에는 도시마다 신학교가 생겨나고 있는 현상을 어떻게 바라봐야 할지.

니체가 말한 '신은 죽었다.'가 아니라 신이 떠나간 관광지로서의 종교 건물에서 사람들은 무엇을 보고 느꼈을까. 저토록 웅장하고 화려한 성전을 짓기 위해 얼마나 많은 민초들이 피땀을 흘렸을까.

그들은 하느님의 집을 짓는다는 신앙심으로 기쁜 마음으로 노역을 했을까. 저 엄청난 성당에서 신을 경배하면서 과연 지상의 번뇌를 씻고 내세의 행복을 얻었을까.

톨레도의 한 성당 외벽에는 성당 건립 시 노예들이 쓰던 쇠사슬이 그대로 전시돼 있다. 그 쇠사슬들은 끊임없이 '기억하라.'라고 말하고 있었다.

해가 뉘엿해질 무렵 콜럼버스 기념탑이 있는 세비야의 스페인 광장에 섰다. 안달루시아 자치정부 청사 앞에서 다리를 뻗고 앉아 유달리 길었던 하루를 돌아본다. 마누엘양식으로 지어진 초승달 모양의 길고 특이한 건물 위로 오렌지빛 석양이 잠시 졸고 있었다.

벽돌색 문양으로 이어진 긴긴 회랑을 돌아 나오자 인디언 복장을 한 거리악사들이 넘어가는 해를 바라보며 〈썸머타임〉을 팬플룻으로 천천히 연주하고 있었다. 그 정조가 어찌나 애잔했던지. 바닥에 있는 악기 통에 넣은 지폐 한 장이 전혀 아깝지 않을 만큼 훌륭한 연주였다.

얻은 것보다는 잃은 것으로 더 기억될 여행의 하루가 저물었다. 내일은 투우의 도시 론다로 향하는 날. 론다는 헤밍웨이가 〈누구를 위하여 종을 울리나〉를 집필한 곳으로 안달루시아 산악지대의 작은 마을이다. 세비야의 실종과 함께 잊을 수 없는 휴가가 된 스페인 여정의 중반부에서 딸아이의 손목을 꼬옥 잡는다.

사람과 사람

3

풍경 달다 _정호승
풀꽃 안개 _나태주
구상 무상 _구상
그립습니다 _법정스님
불멸의 혼 _안중근
마음의 눈 _안드레아 보첼리
소리꾼 장사익 _장사익
포은의 그림자 _정몽주
우리는 헤어지지 않았습니다 _원이 엄마의 편지
두향의 매화뜰에서 _기생 두향

풍경 달다

-정호승

 시인은 그림처럼 앉아있다. 등받이 의자, 딱딱한 사각의자에 앉아 연단도 없이 두 손을 무릎 위에 얹고 단정한 자세로 대기한다. 짧은 머리, 검정 뿔테안경, 다문 입술에 야무진 몸매다. 이윽고 강의가 시작된다.
 경상도 억양. '오늘은 부산 하늘에 구름이 없었습니다. 그래서 좀 심심했습니다.' 하고 운을 뗀다. 구름 없는 하늘이 심심하다? 나는 한 번도 구름이 없는 하늘을 심심하다고 생각해 본 적이 없다. 시인다운 발상이다.
 '정호승의 시와 산문의 경계', 모니터 화면에는 이런 글자가 떠 있다. '울지 마라. 외로우니까 사람이다.' 정 시인의 시에는 산문의 냄새가 짙게 난다. 그래서 더 좋아하게 됐는지도 모르겠다만. 시가 난해하면 시인가. 읽는 이의 가슴에 다가와 감동과 울림을 주면 그게 좋은 시인 게지.

등단 42년째 시의 바닷가에 살고 있는 사람. 노력하는 일만이 시를 쓸 수 있는 최선의 방법인데 시를 쓰다 보면 가끔씩 산문을 쓰고 있다는 느낌이 든다고 한다. 어떤 게 시고 어떤 게 산문인지를 스스로에게 자문하면서-. 시가 무어냐고 물으면 대답은 할 수 없지만 시를 가슴에 품고 살아갈 수는 있다는 지극히 평범한 논리다.

어둠 속에 빛이 없느냐? 삶 속에 죽음이 없느냐? 다 있다. 그것을 찾는 것이 시다. 성철스님 다비식 때 그 불빛이 너무 아름답다고 느꼈다. 여기서 솔가지가 타기 전까지는 산문의 영역이고, 타는 불꽃은 시의 영역이라 얘기했을 때 나는 고개를 끄덕였다.

다비의 불길은 인간의 시신이 타는 것, 그런데 그 불길이 왜 그리 아름다웠을까. 그럼에도 시와 산문의 영역은 아직도 모호하다. 시는 은유이기 때문에 제목이 중요한데 그것은 산문의 경우에도 마찬가지일 것이다. 생전의 정채봉 시인과 막역한 사이였지만 이제 만날 수 없기에 만날 수 있는 부모님을 자주 만난다는 시인의 눈매에 아득한 그리움이 고인다.

시 한 편을 삼사십 번은 고쳐 쓴다는 말은 놀라움이다. 활자의 힘, 읽다가도 고치고 지우고 또 고치고…… 일물일어의 한 가지 단어를 구사하기 위해 밤을 꼬박 새우는 고뇌는 문학의 어느 영역이나 동일하다. 강의를 듣는 가을날의 창가에는 낙엽 한 잎이 떨어지고 있다. 붉은 이파리를 한동안 내다보는데 시인의 고운 시가 노랫말이 되어 흐르고 있다. 안치환이 부른 〈어머니를 위한 자장가〉다.

산문 속에는 시의 힘이 있다. 어둠과 빛도 하나, 시인은 어둠 속에 있는 빛을 발견할 수 있어야 하고 산문과 운문은 그래서 한 몸이라고 말한다. 인생에 정답이 없는 것처럼 시도 마찬가지. 다만 시는 역설과 반어를 적절히 구사하는 은유적인 것이지만 같은 내용이라도 산문은 풀어 쓰는 데 그 차이가 있을 것이다.

시인의 인생 스승은 운주사 석불이라고도 말한다. 누군가에게 엎드려 절한다는 것은 자아를 찾을 수 있는 기회이므로 세상을 떠나버린 그리운 이를 대신해 운주사 석불들을 찾아뵙고 나붓 절을 올린다.

> 운주사 와불님을 뵙고 돌아오는 길에
> 그대 가슴의 처마 끝에 풍경을 달고 돌아왔다.
> 먼 데서 바람 불어와 풍경소리 들리면
> 보고 싶은 내 마음이 찾아간 줄 알아라.
>
> — 〈풍경 달다〉

나는 이 시를 수첩에 적어 다른 이에게도 나눈 적이 있다. 그런데 윗줄 두 연을 빼고 셋째 연부터 간단하게 적어 다닌 우를 범한 것이다. 사실 중요한 건 '그대 가슴의 처마 끝에 풍경을 달고'인데.

풍경과 바람이 하나, 사랑의 관계다. 사랑하는 존재의 가슴, 나는 내 인생에 누군가가 풍경이 되어주고 있는가.

  시인은 참 온갖 데를 다 살피고 다니는구나. 선암사 해우소 시 한 편을 쓰기 위해 뒷간의 아랫부분 분뇨가 떨어지는 바닥까지 내려가서 들여다보고 사진을 찍었구나. 자신이 직접 찍은 해우소의 이면이 또 강의 자료가 되고 있다.

> "눈물이 나면 기차를 타고 선암사로 가라."
> "해우소 앞에 쭈그리고 앉아 마음속으로 깊게 울었다."
> "그날 나는 운주사 석불 앞에서 울며 서 있었다."
> "내가 눈물을 흘릴 때 어머니의 손은 언제나 내 눈물을 닦아 주었다."
> "면회소에서 아버지가 사주신 빵을 연달아 급히 먹으면서도 핑 도는 눈물을 어쩔 수가 없었다."
> "가끔은 하느님도 외로워서 눈물을 흘리신다."

  눈물의 시인 정호승. 그가 잘 울기 때문이 아니라 가슴 깊은 곳에서 절절이 흐르는 눈물의 원천이 시의 강을 엮어내고 있어서다. 기도가 인간에게 주어진 최후의 자기 자신이라면, 눈물은 한과 정감을 씻어주는 정화제요 감정의 분출구이기 때문이다.

  시도, 산문도 나날이 새로워져야 한다. 어떻게 새로움을 찾을 것인가. 그 원동력은 사물을 보는 시각이다. 나름대로 어떤 시각을 가지느냐가 중요한 일이다. 강의록을 보지 않고 한 시간 반을 강의하는 시인을 만나고 돌아오는 날, 만추의 낙엽이 스산하게 바람에 또 흩날렸다. 가슴속에서도 우수수 감성의 낙엽들이 떨어지고 있었다.

풀꽃 안개

-나태주

  그의 시는 길지 않다. 길다기보다는 아주 짧다. 그러나 적게 말함으로써 가장 많이 말한 시인, 그가 나태주 시인이다. "흐려진 얼굴, 잊혀진 생각, 그러나 가슴 아프다."라는 시를 읽을 때 '안개'라는 제목의 언어를 이보다 짧으면서도 절묘하게 표현할 수는 없을 듯했다. 시가 꽃이 되고 향기가 되고 마음이 되기란 쉬운 일이 아니다.

  대표작이 된 〈풀꽃〉은 단 석 줄로 사람의 마음을 사로잡는다. '자세히 보아야 예쁘다. 오래 보아야 사랑스럽다. 너도 그렇다.' 마지막 한 줄로 전체 주제를 압축하는 일은 더욱 어려운 일이다. 너무 자세히 보지 않고 오래 보지 않는 현대인의 맹점을 짧은 시에 담았기에 공감대 형성과 함께 마음에 오래 머문다.

  그러나 그도 처음부터 짧은 시를 쓴 것은 아니었다. 초창기에는 길고 까다로운 시를 썼다고 한다. 실연당한 여인에 대한 시를 장황하게 썼다고도 했다. 슬픔, 외로움, 의기소침, 이런 시를 이십여 년 썼으나 먹혀들지 않았다. 그래서 그 후로 간단하고 쉬운 시를 썼다. 고승들의 선시, 일본의 하이쿠 등을 읽으며 느낀 깨달음이 있었고 그래서 얻은 시가 〈풀꽃〉이었다. 〈풀꽃〉 이후로 비로소 시인이 되었다.

그의 어릴 때 소원은 세 가지였다. 시 쓰는 사람, 공주에 사는 것, 이쁜 여자와 결혼하는 것. 이 소박한 희망은 그대로 다 이루어졌다. 지금은 그의 시 〈행복〉처럼 저녁때 돌아갈 집이 있고, 힘들 때 마음속으로 생각할 사람이 있고, 외로울 때 혼자서 부를 노래도 있게 됐다. 짧지만 아름다운 시는 이렇듯 거창하지 않은 꿈에서 나온 것일 터였다.

야생화가 흐드러진 봄날 통도사 서운암에 나태주 시인이 왔다. 고향인 통도사를 향해 아침 일찍부터 서둘렀다. 꽃, 바람, 인파가 강물처럼 일렁이는 암자는 이미 축제 분위기. 작은 것 하나도 가볍게 지나치지 않는 시인의 모습은 따스하고 편안했다. 상처받은 이들의 상흔을 어루만져주는 그의 시어들처럼.

굴참나무 아래 잔디 그늘에 다리를 뻗고 앉았다. 시인의 음성을 그리는 메모지 위로 애기단풍나무 이파리가 햇빛에 반사돼 일렁였다. 문득 잔잔한 행복이 아지랑이처럼 피어올랐다. 세상은 온통 연두빛이었다.

서른다섯 권의 시집을 낸 시인의 모습은 그저 아담한 키에 평범한 이웃아저씨일 뿐이다. 안경에다 약간 발음이 새는 말소리, 그러나 이는 다만 외형적인 겉모습이다. 시는 영혼에서 나오고 그 영혼은 항시 작은 것에 대한 아름다움을 향해 열려 있다.

"시는 백 사람한테 한 번 읽히는 게 아니라, 한 사람한테 백 번 읽혀야 한다. 금쪽 같은 문장으로 시를 써라. 오늘날 시인이 참 많은데 어려운 말, 무슨 말인지도 모르는 말, 알쏭달쏭한 말장난, 그게 시라면 시가 뭐가 필요하냐."

"요즘 사는 일이 어렵다는데 위안을 주는 게 시지 뭐가 시인가. 시인들 반성해야 한다. 세상에서 가장 아름다운 말은 마더, 스마일, 피스, 이 세 마디이다. 내 마음속 샘물을 길어서 다른 이에게 나눠주라. 하늘 아래 내가 받은 가장 큰 선물은 오늘, 오늘 내가 받은 가장 큰 선물인 당신. 오늘 제 강의가 여러분에게 선물이 됐으면 한다."

산들바람 일렁이는 봄 산그늘에서 듣는 시인의 음성과 함께 오월이 흐른다. 그의 짧은 시에 함축된 따뜻함의 위로가 지친 길손들에게 한 모금 감로수가 되기를 바라는 마음으로 천천히 산길을 걷는다. 인생의 강물이 꽃길 되어 흘러내렸다.

구상무상 具常無常

―구상

 아들들이 들어서고 있었다. 침묵이 흐르는 수도원 성전, 하느님의 아들들인 검은 수도복의 수사들이 한 사람 한 사람 성전으로 모여들기 시작했다. 긴 성의자락 안으로 절제된 신앙을 간직한 채 소리 없는 발자국이 무리를 이루었다. 허리 굽은 은발의 구십 대나, 이제 갓 입회한 이십 대나 그들은 모두 어머니의 자랑스러운 아들이자 한 점 애련한 멍울이었다. 누가 등 떠밀지도 않았는데 일생 독신생활을 감내하게 한 저 보이지 않는 힘은 어디서 오는 것일까.
 한국 진출 백 주년을 맞은 성베네딕도회 왜관수도원. 철길을 따라 읍내를 지나면 나지막한 언덕에 자리 잡은 수도원 건물이 눈에 들어온다. 그리스도교 내에서 가장 오래된 전통을 자랑하는 수도회, 성 베네딕도의 '규칙서'는 많은 수도회 규칙서들의 모범이 되었다. 공동체를 중심으로 하되 홀로가 아니라 형제들이 다함께 살아가는 수행자의 길, 회랑으로 이어진 긴 복도를 돌아 나오며 시편 한 구절이 떠올랐다. "그분이 얼마나 좋으신지 너희는 보고 맛 들여라!"

가을날의 문학기행을 위한 구상具常문학관은 인접한 곳에 있었다. 가톨릭 시인으로서 구도자적인 모범을 보여주신 분. 권위와 명예를 뒤로한 채 평생 마음 가난한 삶을 살며 예술가의 내면 풍경을 보여준 결곡한 시혼을 만나본다.

시인은 돈독한 가톨릭신앙을 바탕으로 인간 존재 문제를 탐구하며 영적인 작품세계를 일구었다. 그러나 젊은 시절은 적잖은 굴곡을 넘나들기도 했다. 아버지가 쉰, 어머니가 마흔 넷에 낳은 만득이 구상(세례자 요한, 본명 상준)은 열다섯 살에 신학교에 입학했으나 3년 만에 나오고 만다. 그 뒤 노동판에 뛰어들고 일본으로 밀항하는 등 사상과 신앙, 현실 사이에서 방황의 시절을 보내기도 했다. 그러나 거친 세상을 지나온 덕에 그의 시 세계는 따뜻한 인간미와 휴머니즘이 넘쳐났다.

그에게 있어 문학은 곧 인품이었다. 관수재觀水齋라 이름 붙였던 여의도 시범아파트에 이십 년 넘게 살면서 평생 가난한 시인의 자리를 바꾸지 않았다. 이웃들이 모두 현관문을 철제로 교체했는데도 그는 본래 있던 나무문을 고집하는 청빈을 지켰다. 그의 집에는 책과 문학만이 넘쳐났다.

생전에 자신의 문학관이 왜관에 섰을 때 "제 문학작품이라는 것이 일반 독자들에게 애송된다기보다는 시쳇말로 뭐 별로요."하며 계면쩍어 했던 그의 나직한 음성과 천진스런 미소가 새삼 그리워진다. 프랑스의 드골은 앙드레 말로를 만났을 때 '마침내 인간을 만났다.'고 말했다고 한다. 구상 시인이야말로 굴곡 많은 현대사를 풍미한 '인간'이었다. 80평생을 자신의 시 〈모과 옹두리에도 사연이〉처럼 울퉁불퉁한 인생굽이를 거쳐 왔지만 주위 사람 사랑하며 사람 냄새나게 살다 가셨기 때문이다.

생전에 화가 이중섭과 작가 오상순, 걸레스님 중광 등 기인奇人들과의 일화도 유명하지만 혁명가 박정희와도 친구처럼 지낼 만큼 교유 폭이 컸었다. 특히 생전의 이중섭을 위해 물심양면으로 돕고는 요절 후에도 그 천재성을 세상에 알린 이가 구상 시인이었다. 화가친구들을 모아 이중섭미술상을 만들고는 제주도에 이중섭거리를 조성하기도 한 일면에서 그의 우정 어린 집념을 엿볼 수가 있다. 와병 중에도 이중섭 상 시상식에 나와 "듕섭이는…." 하며 새로운 기억들을 들려주던 그도 이제 중섭의 곁으로 떠나갔다.

시인이 병상에 있을 때였다. 중섭이 큰 복숭아 속에 한 동자童子가 청개구리와 노는 모습을 그려가지고 왔다. '이것을 어쩌라는 것이냐.'는 물음에 중섭은 '그거 왜 있잖아. 무슨 병이든지 먹으면 낫는다는 천도복숭아 있잖아! 그걸 상常이 먹고 얼른 나으라는 이 말씀이지.' 하고는 계면쩍은 듯 웃었다.

그 중섭이 어느 날 시인에게 가족화를 그려준 적이 있었다. 시인은 아끼며 간직해 온 이 그림을 1970년대 말 팔아버렸다. 그림 값은 당시로선 엄청나던 1억 원. 그는 그 자리에서 그 돈을 몽땅 성베네딕도수도원 사제 양성기금으로 내놨다.

돈과 권력을 뒤로했던 시인의 모습은 박정희 대통령과의 오랜 친분을 지키면서도 한 번도 '자리'에 가지 않은 데서도 드러난다. 언론에 재직할 당시 두 살 위인 청년 장교 박정희와 처음 만나 사석에서는 '박 첨지'라고 부를 정도로 허물없이 지냈다. 대통령이 된 박정희가 그에게 장관과 대학총장직을 여러 번 제안했으나 '나를 남산골샌님으로 그냥 두세요.'라며 끝까지 거절한 이야기는 유명한 일화로만 남게 됐다.

구원의 시심詩心은 오로지 가난한 영혼에 다 바쳤다. 평소 장애인이나 교도소 수감자 같은 소외된 사람에 대한 관심이 컸던 그는 구십 년대에 무기수 최 모 씨를 양아들로 삼아 석방운동을 벌이기도 했다. 투병 중이던 말년에 장애인문학지 《솟대문학》에 2억 원을 쾌척한 일 등은 그의 영혼을 지배하고 있던 뿌리 깊은 가톨리시즘을 엿볼 수 있는 일면이다.

문학관의 외형은 시인의 성품인 양 단아하고 고아하다. 〈그리스도폴의 강〉을 포함한 강 연작시를 백여 편 발표할 정도로 낙동강은 구상 시의 원천이었다. 강을 바라보며 끊임없이 마음을 씻고 가다듬으며 관수세심觀水洗心의 삶을 실천했던 관수재 앞에서 오늘날 신자 문인으로서의 자세를 가다듬어본다.

시인의 흔적과 발자취를 영상으로 관람한 후 대표 시 십여 편을 모은 낭송회가 시작됐다. 시인 스스로 자신의 사상을 가장 잘 담은 시라고 표현했던 〈오늘〉을 음미할 때는 모두의 마음속에 숙연함이 새겨진다.

  오늘 속의 영원, 영원 속의 오늘을 추구한 사람. 한국 가톨릭문학에서 '가톨릭시인'이란 헌사를 붙일 수 있는 커다란 별이자 진정한 스승이었던 구상 시인. 그가 남긴 유언은 "이 세상에는 시가 있어야 한다."였다.

그립습니다

-법정스님

'이제 시간과 공간을 버려야겠다. 사리를 찾지도, 탑을 세우지도 마라. 내 것이라고 하는 것이 남아 있다면 모두 맑고 향기로운 사회를 구현하는 데 사용해 달라.'

법정스님이 가셨다. 봄꽃이 아직 만개하기 전, 삼월 이른 봄날이었다.

그날은 남편의 정기검진일이었다. 대장내시경 들어간 남편을 기다리며 종합병원 대기실 의자에서 무심코 TV화면을 바라보고 있었다. 의식 사이로 언뜻 '법정스님 입적'하는 자막이 흘러갔다. 심경이 초조했던 때라 다시 또 시선을 모았다. 커다란 푸른색 자막은 반복해서 흐르고 있었다. 순간 텅 빈 마음속에 종소리 하나가 울려 퍼졌다. 슬픔처럼 낮은 파장으로 울리는 지긋한 통증, 어디서 이제 그 맑고 단순한 정신을 만날 수 있을 것인가. 저도 모르게 입속으로는 계속 '그립습니다,' 이 한마디를 되뇌고 있었다.

마지막까지 거처했던 스님의 산골 오두막에는 바람과 물소리만 가득했다. 뒤늦게 내린 봄 폭설이 녹아 지붕에서는 눈물 같은 빗방울만 흘러내릴 뿐 사람의 흔적은 찾아볼 수 없었다. 굴피지붕 처마에는 난초가 새겨진 나무현판과 풍경만이 주인을 기다리고 있었다.

그의 삶은 어디에도 안주하지 않았다. 여행자이고 나그네임을 숙명으로 여겨 구차한 삶의 어디에도 머무르지 않았으니 진정한 자유인의 행로가 아닐 수 없다. 강원도 산중에 홀로 지냈으나 어느 날인가에 스위스의 산정이나, 소로의 월든 호숫가에 서 있기도 했다. 그리고는 또 돌아와 산중의 얼음을 깨고 물을 길어 장작불을 지폈다.

스님의 책들을 좋아한 것은 수행자의 글답게 맑고 쉽기 때문이었다. 그의 수필집을 마치 느끼한 돼지고기를 먹은 후의 깔끔한 새우젓갈에 비유할 수 있을까. 세속의 제약이나 굴레에 거침이 없었던 그 삶은 때 묻지 않은 그만의 향기로 투영되었고, 맑은 정신에서 우러나온 소박한 언어들은 어떤 형용사로 치장된 글보다도 깊은 울림을 주었다.

'내가 단순하고 간소하게 살아가는 데 도움을 주는 이들은 좋은 친구이다. 그러나 간소하게 살려고 하는데 자꾸만 뭔가 갖다 주는 사람은 나에겐 달갑지 않은 친구이다. 아무것도 갖지 않았을 때 온 세상을 차지할 수 있다. 우리가 무엇인가를 가졌다고 할 때 크건 작건 그것의 노예가 된 것이다. 그것으로부터 소유를 당하는 것이다. 그러므로 부자유해진다.' 일생 검박한 삶을 실천하고 산 그는 비움이 곧 충만의 시작임을 가르쳐준 스승이었다. 물질의 탐욕과 집착에 사로잡힌 시대에 뭇사람들에게 이른 '무소유'는 분수를 알고 욕망을 다스리라며 내리치는 죽비 소리였다.

버리고 또 버린 삶. 겉치레와 형식, 감투를 싫어했던 스님은 생전에 불교계와 종단의 행정에 관여하지 않았다. 대학생 시절 출가한 55년 불가佛家의 길에서 그 흔한 사찰주지 한번 맡은 적이 없었다. 언제나 대중과 한 걸음 떨어진 곳에서 홀로 수행하고 생활했다. 평소 '큰스님'이라 불리는 것도 질색했으나 조계종에선 그에게 대종사大宗師를 추서했으니 저 너머에서 스님께선 그마저도 반기실지 모를 일이다.

스님에 대한 존경으로 탄생한 성북동 길상사吉祥寺가 문을 열었을 때 거기에도 자신을 위한 방 한 칸 마련하지 않았다. 법회를 위해 대중들과 만난 후엔 곧 바로 바람처럼 떠나곤 했다.

사람들은 산골 스님의 솔바람 소리에 목말라했음에도 때때로 대중 앞에 서는 일마저도 무척 심한 자기저항을 느끼곤 했다. 법회를 마치고 나면 자신의 속은 텅 비고 말았기 때문이다. 대체 무엇 때문에 사람 앞에 나서서 떠드는가. 나서는 게 어떤 의미가 있는가를 고뇌하면서 세상과의 만남을 무척 조심스러워했다. 그동안 풀어놓은 말빚을 다음 생으로 가져가지 않겠다며 자신의 책들을 절판해달라신 당부는 아마도 그런 정신에서 나옴이 아니었을까.

스스로에게 끊임없이 나는 누구인가를 물으며 산 사람, 그 어떤 사람도 되고 싶지 않고 그저 자신이고 싶어 했던 사람, 나답게 산다는 게 어떤 것인가를 생각하게 해준 스님의 빈자리는 그래서 더욱 허허롭기만 하다. 분명한 자의식을 갖고 살았던 '참 인간'과 함께 동시대를 살았다는 기쁨을 이제 더는 누릴 수 없게 됐다.

가볍고 가볍다. 육신을 벗고 영혼만 떠나는 길, 스님의 유지에 따른 운구는 간소했다. 연꽃이 장식된 커다란 관棺도 없이 평소의 승복 그대로 딱딱한 대나무평상 위에 누운 채 빛바랜 붉은 가사만 덮었다. 조사 한마디 없이 영결식마저도 생략되었다. 강원도 오두막에서 마음을 씻으며 길어낸, 아니 그 이전부터 닦은 비움의 정신 그대로다. 구름이 대웅전 용마루까지 내려온 검은 하늘 아래 스님의 법체는 문수전 법당에 잠시 모셔졌다.

다비장 언덕으로 오르는 길… 역시 만장도 꽃상여도 없는 행렬이다. '비구比丘 법정'이라고만 쓴 위패와 영정이 있을 뿐. 하지만 수많은 대중에게 무소유의 불꽃을 새기고 간 결코 초라하지 않은 행렬, 전날까지 찌푸렸던 하늘도 화사한 봄 햇살을 쏟아냈다. 비구 법정이라. 자신은 단지 중일 뿐이라는 그 소박한 단어 하나가 오래도록 마음에 남았다.

활활 타오르는 불꽃. 불길 속에서 연꽃이 피어나듯 사람들은 화, 중, 생, 연火中生蓮을 외쳤다. 아름다운 마무리였다. 삼월의 눈꽃 속에 정토로 떠나간 스님은 늘 푸르름 잃지 않고 꼿꼿이 서 있던 소나무였다.

그날 스님을 애도하는 TV화면에선 생전에 즐겨 들었다던 바흐의 무반주 첼로곡이 무겁게 흐르고 있었다. 가사장삼에 밀짚모자 하나로 불임암이 있는 대나무 숲을 성큼성큼 걸어가는 스님의 뒷모습. 한 시대의 청정한 정신이 가고 있었다.

불멸의 혼
-안중근

  건물들이 미처 윤곽을 드러내지 않았다. 파르스름한 새벽의 문을 열고 여행길 나서듯 집을 나설 때 아직 잠들지 않은 별 하나가 화장기 없는 창백한 얼굴을 비춘다. 초겨울의 싸늘한 정적 속에서 타박타박 걸어가는 길, 계단을 넘고 놀이터를 지나 산길 초입에 다다라 잠시 걸음을 멈춘다. 여기서는 매일 습관처럼 태양마차를 인도해 밤의 어두움을 몰아내는 새벽의 신 에오스와 악수한다.

  잠이 덜 깬 나무들 밑을 지나가며 마른 잎들의 신음소리를 듣는다. 한데서 눈바람이 거친 겨울을 견디는 생명들의 하루하루는 엄숙하다. 찬란했던 태양과 입 맞추던 시절, 살랑대는 미풍에도 흔들리던 몸짓, 아마도 그들은 지난한 시절을 그리고 있는지도 모른다. 사람의 시간도 흐르고 흘러 낙엽이 된 후에 지나간 세월들을 그리게 될까. 물기 없어 바스러지는 마른풀의 모습에서 사람의 노경을 바라본다.

새벽을 애착하는 마음결 속에 내 영혼은 손에 쥔 향나무 묵주와 통교한다. 기도하며 걷는 길은 새벽 산길처럼 좋은 데가 없다. 어제의 신산도 머물러있지 않고 오늘의 노역도 아직은 자리할 데가 없기 때문이다. 사박사박 어둠을 헤쳐 가는 길, 기도의 첫 번째 제목은 변함없이 안중근 의사의 유해 발굴을 위한 지향이다.

국권을 회복하거든 고국에 뼈를 묻어달라던 그의 소망은 백 년이 지난 지금까지도 받들어지지 않고 있다. 도대체 유해는 어디에 묻힌 것일까. 여순 감옥에서 가까운 중국 대련한인천주교회에서는 유해 발굴을 위한 묵주기도 백만 단 운동을 펼치고 있어 그 뜻에 동참한 지가 오래지만 애족의 혼이나마 반드시 이 땅에 돌아와야 한다는 믿음이 오래도록 그 지향을 멈추지 않게 한다.

죽어서 천 년을 산 남자. 장부로 세상에 태어나 큰 뜻을 품었으니 죽어도 그 뜻을 잊지 말자고 하늘에 대고 맹세하던 사내. 무엇이 서른한 살 피 끓는 청년의 목숨을 나라의 운명과 맞바꾸게 했을까.

운명의 날이 있기 전 안중근은 이발을 하고 사진을 찍었다. 생애 마지막이 될지도 모르는 모습을 남겨두고 싶었던 것이다. 이어 대동공보 주필 이강李剛에게 거사계획을 알리는 편지를 쓰고 즉석에서 〈장부가丈夫歌〉를 지었다.

장부가 세상에 처함이여 그 뜻이 크도다.

때가 영웅을 짓고 영웅이 때를 만든다.
천하를 굽어봄에 어느 날에 대업을 마칠거나
동풍은 점점 차가워지나 장사의 의기는 뜨겁도다.

하얼빈 역 대합실의 찻집, 안중근은 차를 마시며 작전을 구상했다. 아침 아홉 시경 열차가 도착했다. 군악대의 연주 속에 자그마한 노인이 열차를 내려와 의장대를 사열하자 러시아병사들이 발을 구르며 경례를 붙였다. 하얼빈 거주 일본인들이 일장기를 흔들며 '반자이(만세)'를 연호했다.

'저놈이 이토다.' 안중근은 권총을 뽑아 이토의 오른쪽 가슴을 겨냥해 세 발을 쏘았다. '탕, 탕, 탕!' 두 개의 총알은 가슴에, 세 번째 총알은 복부에 박혔다. 이토의 허리가 꺾어지며 무너졌다. 쓰러지는 이토를 확인한 중근은 권총을 던지며 외쳤다.

"코레아 우라! 코레아 우라! 코레아 우라(한국만세)!"

황해도 해주에서 무반의 후예로 태어난 중근은 15세에 붉은 옷을 입고 동학토벌군 선봉장으로 활약했으니 동학농민군은 그를 일러 '하늘에서 내린 홍의장군'이라 불렀다. 20세기 한국의 대표적 독립운동가인 김구와 안중근도 이때 운명적으로 만난다. 《백범일지》에 쓰여진 안중근의 기백이 범상치 않음이 드러난다.

'중근은 당년 열여섯에 상투를 틀었고 자색명주수건으로 머리를 동이고서 돔방총을 메고 날마다 사냥을 다녔다. 영특한 기운이 넘치고 군사들 중에서 사격술이 제일로 나는 새, 달리는 짐승을 백발백중으로 맞혔다.' 후일의 의거를 실행케 한 면모는 어릴 때부터 길러진 것이었다.

안중근(다묵)은 감옥에서 사형집행을 앞두고 교회의 반대에도 불구하고 여순 감옥에까지 면회를 와준 빌렘 신부에게 마지막 유서를 적고는 아내인 아려에게 남긴 유언에서 장남 분도가 신부가 되게 하라는 말을 남겼다. 그가 남긴 여섯 통의 유서를 읽고 있으면 죽음을 며칠 앞둔 체념으로 가라앉은 투지와 함께, 서른한 살 애처로운 영혼이 품었던 외로움을 느낄 수 있다.

아들 중근을 천주교에 입교시킨 것은 아버지 안태훈이었다. 황해도 안악지방의 명문 양반 가문 장남으로 태어난 중근은 프랑스 선교사 빌렘 신부로부터 세례를 받고부터 적극적으로 그를 도와 전교활동에 전념한 호교론자였다. 당시 황해도지방을 다니며 행했던 그의 전교연설에서는 확고한 신앙적 의지를 엿볼 수가 있다.

"만일 어떤 사람이 하느님을 보지 못했다고 해서 믿지 못한다면, 그것은 마치 유복자가 아버지를 보지 못했다고 해서 자신의 아버지가 있음을 믿지 않는 것과 같소. 또 소경이 하늘의 해를 못 보았다고 해서 하늘의 해가 없는 것이겠소? 화려한 집을 보고서도 그 집을 짓는 걸 보지 못했다고 해서 그 집을 지은 목수가 있다는 것을 믿지 않는다면 어찌 웃음거리가 되지 않겠소."

그의 교리 이론은 정하상의 〈상재상서上宰相書〉에 근거한 것이지만 무반의 근거를 지닌 투철한 신앙인이었음을 알 수가 있다.

그의 하얼빈 거사 백 년을 넘긴 올해, 남산에 안중근기념관이 새로 완공돼 문을 열었다. 이전의 협소했던 공간을 헐어 첨단설비로 개관된 기념관이 위국헌신의 삶을 되새기는 데 손색이 없기를 바라는 국민적 염원도 함께 실렸을 것이다. "대한독립의 소리가 천국에 들려오면 나는 마땅히 춤추며 만세를 부를 것이다." 순국 직전 두 아우에게 남긴 마지막 유언처럼 차가운 감옥에서 숨진 그의 영혼이나마 하루 빨리 고국으로 돌아오기를 비는 마음 간절하다. 새벽마다 드리는 내 기도가 하늘에 닿을 수 있다면.

마음의 눈

– 안드레아 보첼리

 빛 속에서 빛을 보았다. 현란하게 반사되는 햇살만이 빛이 아니라 어두움의 명암이 바로 빛이었다. 오케스트라의 장엄한 연주와 숨죽인 청중들의 호흡 소리마저도 미세한 음률이 되어 파장을 전해왔다. 무대 위에 반사되는 한 줄기 조명 아래 말없이 선 정물이 된 그는 감은 눈으로 숨결을 고르며 객석을 응시한다.
 폐부 깊숙한 곳에서 흐르는 물소리, 그것은 정제된 테너의 목소리가 아니라 차단된 빛의 심연에서 흘러내리는 부드럽고 처연한 강물의 소리였다. 단지 앞을 보지 못한다는 육신의 장애는 영혼 저 너머로 침잠하는 소리의 울림을 증폭케 해 줄 뿐이었다.
 안드레아 보첼리, 그는 이렇듯 동영상의 화면을 통해 오늘도 국경을 초월한 세계인의 영혼을 적시고 있다.
 마음속에 울림을 주는 게 음악의 순정한 기능일까. 그의 목소리는 애절한 가사에 실려 눈만 자극하는 게 아니라 마음속의 현絃을 건드리고 있었다.

　매끄럽고 부드러운 선율과 함께 수백만 청중의 가슴을 파고드는 〈그대와 함께 떠나리〉는 아무 것도 볼 수 없음으로서 모든 것을 볼 수 있는 가능성의 세계를 담았기에 진정성이 더한 그의 대표곡이 되고 있었다.

　이탈리아 농촌 지역 투스카니의 작은 농가에서 태어난 보첼리는 선천적인 시각장애는 아니었다. 날 때부터 약간의 장애는 있었으나 12살 때 축구경기 중의 사고는 그의 시력을 완전히 빼앗고 말았다. 빛을 잃은 그에게로 소리의 세계가 열려 왔다. 아들의 음악적 재능을 알아 본 부모는 일찍부터 피아노를 가르쳤고 후에는 플루트와 색소폰을 배우게 됐다.

　그러나 애초부터 음악을 택한 건 아니었다. 피사 대학에서 법학을 전공한 그는 법학박사 학위를 취득, 일 년여 동안 법정 선임 변호사로 활동하기도 했다. 그러나 잠재의식 안에서 춤추는 음악에 대한 열정은 그의 인생을 결국 테너 가수의 길로 이끌었다. 어릴 적 꿈의 실현을 위해 전설적인 테너 '프랑코 코넬리'를 찾게 되고 그의 문하생이 된다. 교습비 마련을 위해 클럽과 식당에서 피아노를 연주했으니 미래의 아내인 엔리카를 만나게 된 것도 이 무렵의 일이었다.

　젊은 날의 보첼리 – 앞을 못 보는 장애는 그의 음악적인 재능을 가로막지 못했고 오히려 다른 활동에의 염원을 가로막는 장벽의 원동력이 되었다. 물 흐르듯 유장하고 매끄러운 그의 음성은 모차르트의 음악처럼 우리 영혼에 여과되어 또 다른 삶의 길을 보여주기도 한다. 그는 분명 다른 성악가들이 결코 가질 수 없는 뭔가를 갖고 있었다. 그것은 바로 목소리에 영혼을 불어넣는 능력이었다.

상처를 극복한 영혼의 심연으로부터 뿜어져 나오는 그의 목소리는 듣는 이들을 잠식하며 어떤 숭고함마저 일깨운다. 이제 파바로티, 도밍고, 카레라스의 빅3에 이어 '네 번째 테너'로 우뚝 선 그를 세인들은 '영혼의 목소리'요 '눈 먼 천사'라 칭한다.

그러나 천사의 날개 속을 본 적이 있는가. 보첼리가 보이는 것에만 급급해 세상의 명리를 따랐다면 아마도 법조인으로서의 단순하고 순탄한 개인적 삶을 택했을 것이다. 그는 앞을 볼 수 없었기에 목전의 세계에 탐닉하기보다는 영혼 저 너머의 깊은 내면세계에 생의 두레박을 던졌다. 이제 그 한 사람 인생의 나침반 앞에서 셀 수 없는 수많은 영혼이 평화 속에 침잠하며 위안과 휴식을 전해 받는다.

우리는 너무 눈앞에 보이는 현상적인 것에만 매달려 생의 진정한 의미를 잊고 살아 온 것은 아닐까. 육안肉眼으로만 보지 말고 심안心眼으로 좀 더 멀리를 바라볼 일이다. 결코 눈앞에 보이는 것이 전부는 아닐 것이다. 화려한 연극 무대의 성공 뒤편에는 보이지 않는 수많은 스태프들의 손길이 있을 것이고, 하늘이 흐리면 비가 오겠거니 하지만 구름 저 너머에는 깊고 심오한 천체와 기상과학의 힘이 있지 않은가.

 눈만 뜨면 부르짖는 사랑이라는 것도 드러내는 사랑보다는 드러나지 않는 사랑이 더 커 보인다. 시인 구상 선생은 '저들은 저들이 하는 바를 모르고/ 이들은 이들이 하는 바를 모르고 있으니/ 이 눈 먼 싸움에서 우리를 건져 주시고/ 두이레 강아지만큼이라도/ 마음의 눈을 뜨게 하소서.' 하고 '기도'했다.

 일전에 본 이란 영화 〈버드나무〉의 주제 역시 침묵의 세계였다. 문학교수인 '요제프'는 어렸을 적 시력을 잃고 어둠 속에서 살아왔다. 그러나 수술로 시력을 회복했을 때 세상엔 행복만 기다리고 있지 않았다.

 그에겐 낙원의 색깔이 내내 고통스러웠고 새로이 꿈에 부풀어 시작하는 삶 역시 지뢰 가득한 미로를 헤매는 일이었다. 지하철에서 목격한 소매치기의 야비한 미소, 폭력과 술수와 음모가 난무하는 생존의 현장에서 그는 걷잡을 수 없는 혼돈과 갈등에 젖어들게 된다. 보지 않아도 될 것을 본다는 것은, 안 보고 살 때의 내적 고요에 비하면 고통만을 동반한 카오스의 세계였다. 침묵 속에 내재하던 상상과 꿈의 세계, 이성으로만 그려오던 화려한 유토피아는 이미 그의 것이 아니었다. 스스로를 자학하며 호수에 빠져들기도 하는 요제프의 고뇌는 오늘도 마음 걸어둘 곳 없어 방황하는 현대인의 자화상이 아닐까.

 한밤중 세상이 고요 속에 침묵할 때 보첼리의 음악을 듣는다. 세상을 잠재우는 그의 음악 속에서 영혼의 본질 속을 걸어간다.

지그시 눈을 감고 마음 안뜰에 있는 깊은 세계의 바닥을 들여다본다. 몸은 마음의 종從에 불과한 것. 향기도 빛깔도 소리도 마음의 눈으로 응시했을 때 더 깊은 울림으로 다가올 것이다.

아주 가끔씩 마음의 길을 걸어가면서 세상의 강을 건너는 자신의 배를 빈 배로 만들 수 있기를 꿈꾸어 본다.

소리꾼 장사익

−장사익

　다시 또 새로운 한 해를 맞았다. 절기대로 돌고 도는 시간의 이력에 새로운 감흥이 있을까만 피안 저 너머에서 본다면 혹여 산다는 일이 꿈은 아닐까를 생각할 때가 있다. 조선말기 스님 학명선사께서도 〈꿈속에 사네〉라는 선시를 남겼다.
　"묵은해니 새해니 구별할 것 없네. 겨울 가고 봄 오니 해 바뀐 듯하지만, 여보게 저 하늘이 달라졌는가. 우리가 어리석어 꿈속에 사네. 우리가 어리석어 꿈속에 사네."
　이 가사에다 곡을 붙여 장사익이 걸쭉한 목소리로 버무린 노래가 됐다.
　사람들은 그를 소리꾼이라 부른다. 가객이니 가수니 하는 호칭보다는 그 이름 앞에는 '소리꾼'이란 수식어가 더 잘 어울린다. 흰 두루마기에 사뿐사뿐 몸을 들썩이며 혼을 불사르듯 열창하는 표정은 굵은 주름마저도 농익은 아름다움이다. 마흔다섯 늦은 데뷔에 십오 년째 공연대박… 사람들은 왜 열광하는 걸까.

느닷없이 가슴을 치는 목소리. 그 창법에는 어떤 틀도 규칙도 없다. 오히려 그 얽매이지 않은 자유혼이 우리 마음 안의 막혔던 통로를 뚫고 들어가 땀과 한의 정수리에 꽂히는 것이다. 가식 없는 한 소리꾼의 절절한 외침이 사람의 마음을 파고들 뿐이다.

말이 없어도 많은 말을 걸어오는 얼굴이 있고, 웃지 않는데도 보는 이를 웃게 하는 얼굴이 있다. 그는 주변에서 흔히 볼 수 있는 우리 아버지들의 친근한 얼굴이다. 처음 보고도 단박에 끌리게 되는 웃음과 몸짓에는 이 땅의 숱한 아버지들이 걸어온 애환의 흔적이 묻어있다. 특별한 일을 하는 데는 평범한 사람이 필요하듯, 그 평범한 외모에서 우러나는 절창으로 인해 그가 더 특별하게 보이는 것은 아닐까.

그날 그는 꽉 찬 무대 조명 아래서 오른손을 들어 천천히 박자를 맞추며 〈희망가〉를 부르고 있었다. "이 풍진 세상을 만났으니~" 점점 더 고조되는 소리를 끌어올리느라 검붉어진 얼굴에 자애로운 눈길, 반백 수염에 끓어질듯 이어지는 장탄가. 전혀 새로울 것 없는 그 노래에서 영혼 저 너머에 숨겨둔 어떤 비애의 색깔마저도 묻어나고 있었다.

어떤 목청에서 울려나왔건 목소리는 본질상 당사자를 떠나 상대인 '너'를 향해 달려가는 것이기에 뛰어난 목소리는 말하는 사람이 아닌 듣는 사람을 위한 선물이 된다.

오르페우스가 노래하면 신들이 넋을 잃고, 세이렌의 노랫소리에 홀려 선원들이 바다에 빠져 죽었다는 이야기가 있지 않은가. 아직도 엘비스 프레슬리의 무덤에 꽃을 바치는 사람들이 많은 걸 보면 빼어난 목소리는 매력을 넘어 마력을 지녔는가 보다.

충남 광천에서 태어난 장사익은 상고와 야간대학 졸업 후 무려 열다섯 군데 직장에 몸담았으나 마지막으로 일하게 된 곳이 보험회사를 거쳐 카센터였다. 어느 날 삼 년을 일하던 그곳에서 문득 지난날을 돌이켜봤다. 지금까지 열심히 산다고 했는데 과연 최선을 다했는가? 답은 아니었다. 그래서 남은 인생은 좋아하는 일을 하자며 내린 결론이 태평소란 악기였다.

어릴 적 고향 농악대에서 장구를 쳤던 아버지. 그 노래의 신명과 해학의 가락은 이런 아버지의 DNA에서 연유한 것이 아닐까. 사물놀이와 소리판 공연에서 새납(태평소의 사투리)을 불면서 자질을 인정받게 된 그는 마침내 제 길을 걷게 된 것이다. 직장을 여러 곳 전전하며 살았던 이십여 년의 역경이 거름이 되어 그의 노래를 깊고 넓게 해준 가락이 된 것이다.

어느 날 문득 그의 노래를 듣다가 운 적이 있다. 김형경의 시 〈따뜻한 봄날〉에다 '꽃구경'이란 제목으로 곡을 붙인 노래였다.

어머니 꽃구경 가요. 내 등에 업히어 꽃구경 가요.
산자락에 휘감겨 숲길이 짙어지자, 아이구머니나 어머니는 그만
말을 잃었네.

한웅큼 솔잎을 따서 가는 길바닥에 뿌리며 가네.

어머니 지금 뭐하시나요. 꽃구경은 안 하시고 뭐하시나요.

아들아 내 아들아, 너 혼자 돌아갈 길 걱정이구나. 산길 잃고 헤맬까 걱정이구나.

모든 어머니의 마음은 이런 것이 아닐까. 고려장의 지게 위에서도 자식 앞날을 걱정하는 마음. 모든 예술의 근원은 자신의 거울에 반영될 때 감흥을 불러오고 마음속 깊은 세계의 바닥을 바라보게도 한다.

그는 요즘 인왕산 자락 창 넓은 집에서 산다. 누가 내다버린, 낡아서 반들반들한 오동나무 마룻장으로 만든 앉은뱅이탁자에 양반다리하고 앉아 사계절 변화하는 산을 마주한다. 해 뜨고 지는 게 제일 먼저 보여 방 이름도 '하늘 가득 헌軒'이다. 산천의 거실에서 그는 기형도의 시를 읽고 곡을 붙이기도 한다. 이곳이 노래하는 음유시인의 창작 터이자 연습실인 것이다.

최근에 그는 외교관과 외국기업인 수백 명을 초청하는 특별공연을 가졌다. 데뷔 전에 앙드레김의 단골세차장 사무직원으로 일하면서 알게 된 그 인연으로 해서 매번 공연 객석의 맨 앞자리를 채워준 외교사절들과의 친분이 맺어준 연유에서였다.

틈날 때마다 그는 대사들을 집에 초대해 집에서 담근 김치를 상에 올리고 된장과 청국장을 대접하며 우정을 다져왔다. "생전 듣지도 보지도 못했던 넘들 안 하는 찌꺼럭지를 하는 게 그렇게

재밌나 봐유. 국경이 갈라지고 이념이 달라도 한국 와서 살면 이웃이고 가족이쥬." 그가 입을 열자 서해안 짠내 가득한 충남사투리가 구수하게 쏟아졌다.

  하늘은 사람을 내보낼 때 무언가 하나를 줘서 내보낸다고 했다. 남도 짙은 사투리에 육자배기 닮은 회한의 삶을 쏟아내는 걸출한 소리꾼을 보내준 것은 아무래도 이 땅에서 만날 수 있는 흔치 않은 행운인 듯하다.

포은圃隱의 그림자
-정몽주

  가을이 지고 있었다. 포도를 스치는 노란 은행잎들이 차창 너머로 한 잎 두 잎 천천히 날리는 모습이 마치 지는 가을을 아쉬워하는 듯했다. 문학기행이라기엔 고즈넉한 느낌의 서원書院기행에 동참한 것은 참 다행이었다. 떠들썩한 여느 기행의 일정보다 더한 무게감이 느껴진 것은 영천 땅에 발을 딛고 나서였다.

  사실은 모르고 있었다. 경북 영천이 포은 정몽주와 노계 박인로를 낳은 뿌리 깊은 예도禮度의 고향이었다는 사실을. 단지 포은은 고려 말의 충신으로, 노계는 조신조의 문신으로만 알고 있었던 내게 영천의 기행은 역사에 대한 내 무지의 구름을 걷히게 한 소중한 걸음이었다.

  보현산 아래 이수삼산二水三山의 청정한 고장으로 이름난 영천은 산 좋고 물이 좋은 데다 청동기문화에서부터 근현대에 이르기까지 다양하고 의미 있는 유적이 많이 보존돼 있다. 선현들의 문화유적 또한 풍부해 사가 서거정 선생이 영천을 '경상도에서 가장 아름다운 군'이라 칭한 뜻을 알만도 했다.

정몽주를 배향하는 임고서원은 선생께서 태어나 자란 임고면 우항리에 자리하고 있었는데 입구에는 수령 오백 년의 노란 은행나무가 역사의 일면을 증언하는 양 우람한 자태로 섰다. 여기서 청도 운문사의 '처진 소나무'를 연상한 것은 우연이었을까. 세월의 무게를 땅에까지 늘어뜨린 소나무에서 겸손한 선비의 기품을 느꼈듯이, 수백 년의 은행나무 앞에서는 범접할 수 없는 어떤 고고함이 전해져 왔다. 서원을 지키는 한 그루 나무에서도 정몽주의 충절 혼이 서렸음일까.

서원의 숭모비에는 고려 왕조에 대한 충성심을 읊은 〈단심가〉가 새겨졌고, 자당 영천이씨 부인이 지은 〈백로가〉 또한 나란히 음각돼 있다. 혼자 멀찍이서 배흘림기둥에 서 본다. 배낭의 등을 비스듬히 기대고 정몽주 선생이 후진을 양성하던 계단 위 서원 마루를 아득히 바라본다. 알록달록 초립동의 낭랑한 글 읽는 소리가 들리는 듯하다. 사람은 가고 없어도 학문의 향기는 시대를 초월해 넘나든다.

선생은 스물넷에 장원급제, 이후 태종에게서 문충文忠이라는 시호를 받았다. 그의 유훈은 효행과 충절이다. 19세에 아버님 운관이 별세, 십 년 뒤인 29세에 어머니의 상을 당했다. 이때마다 선생은 부모의 묘소에 여막을 짓고는 삼 년 동안 효성을 다했다. 이러한 삼년상의 실천은 다만 백일로 치르는 것이 통례였던 고려 풍습에서는 지극한 효성이 아니고는 행할 수 없는 일이었으니 우리나라에 처음으로 삼년상이라는 상례의 표준을 세운 것이다. 이에 조정에서 그 뜻을 기려 마을에 효자리孝子里라는 비를 내렸다.

56세에 선죽교에서 이방원에게 죽임을 당할 때까지 그는 고매한 인품과 국익을 위해서는 목숨을 초개처럼 여긴 진정한 선비요 충신이었다. 살얼음의 역사를 살다 간 포은의 땅에서 비로소 한 가지 깨달음을 접한다. 죽어도 사는 사람 정몽주. '죽어 천 년을 살리라'던 안중근의 정신처럼 오늘도 현대인의 비루한 일상 속으로 들어와 혼을 일깨우고 맑은 정신을 비춰주고 있는 것이다.

포은보다 이백여 년 후에 태어난 노계 박인로의 도계서원으로 향하는 길, 짧은 초겨울 해가 걸음을 재촉한다. 그는 도학과 조국애, 자연애를 바탕으로 많은 가사와 시조를 남겨 국문학사에서 송강 정철, 고산 윤선도와 더불어 조선시대 3대 문인으로 인정받고 있다. 몰랐던 것은 그가 무인으로 조국에 공헌했음이다.

임진왜란 시 정세아의 휘하에서 별시위로 전공을 세우고 선조 31년에 무과에 등과, 좌절도사 성윤문의 막하에 수군으로 종군하며 많은 공을 세웠으니 문무를 겸한 애국자라 하겠다.

임고면에는 아름다운 숲 학교가 있다. 전국 '아름다운 숲 학교' 대상에 빛나는 임고초등학교 교정 숲은 백 년 이상 되는 느티나무, 플라타너스, 은행나무 등 아름드리 수종들이 숲을 이루고 있다. 보현산 줄기에 자리 잡은 아름다운 교정은 나그네 발걸음을 오랫동안 붙잡는다. 이렇듯 아름다운 교정에서 유년의 꿈을 간직하는 학생들은 얼마나 행복한가.

가을기행의 끝머리에서 우리 또한 가슴에 아름다운 꿈을 심고 간직한다. 고매한 선비들의 기상과 정신을 닮아가고자 하는 이상의 꿈을. 그리고 그 꿈의 실현을. 시대를 넘어 포은의 그림자가 길게 드리운다.

우리는 헤어지지 않았습니다
-원이 엄마의 편지

　십여 년 전, 경북 안동에서 조선시대 무덤 하나가 발견됐다. 관 속에 누워 있는 6척 장신의 남자 미라. 사백 년간 썩지 않은 세월을 견뎌 낸 것은 남자의 몸만이 아니었다. 사람들의 눈은 미라의 가슴 위에 놓인 한 통의 편지에 머물렀다. '원이 엄마의 편지'라는 이름으로 알려지게 되는 조선 양반가 여인의 사부곡은 이렇게 해서 세상에 공개됐다.

　남자는 아주 짧은 생을 살았고, 부부는 그보다 더 짧은 시간만을 사랑했다. 그러나 남자의 몸과 여자의 편지는 오래도록 살아남았다. 무덤 속의 남자 이응태(1555-1586)는 부인과의 약조를 지키지 못했다. "당신은 언제나 나에게 '둘이 머리가 희어지도록 살다가 함께 죽자'고 하셨지요."로 시작되는 부인의 편지는 요절한 남편과의 이른 헤어짐을 못내 슬퍼하고 있다.

후세에 한 작가는 그 연유를 풀기 위해 역사적 사실과 환상의 사이를 오간다.

하늘의 정원에 소화라는 꽃이 피어있다. 어느 날 천계의 여인이 그 꽃을 훔쳐 인간세계로 달아난다. 눈이 여덟이나 되는 팔목수라가 그녀를 찾아 나섰다. 그녀는 홍여늬란 이름으로 태어나지만 팔목수라가 내린 저주만은 피하지 못했으니 그녀를 사랑하는 남자는 죽음을 맞이하게 된다.

안동의 양반 이요신은 '부모의 가슴에 묻힐 팔자입니다' 라는 둘째 아들 응태의 사주를 받아보고는 경악한다. 참척을 피하기 위해 요신은 아들의 운명을 바꾸려 한다. 여늬의 아버지도 딸을 시집보내지 않겠다고 맹세한다. 그러나 두 사람은 이미 사랑할 운명을 안고 태어난 터, 소화가 아름답게 핀 어느 여름날, 응태는 사냥을 나갔다가 여늬를 만난다.

운명을 알아버린 두 사람은 이제 사랑을 택할 것인가 목숨을 택할 것인가를 두고 갈등한다. 그리고 아버지를 죽이는 운명을 벗지 못한 오이디푸스처럼 그들도 사랑의 운명을 벗어나지 못한다. 팔목수라는 응태의 목숨을 빼앗으며 선언한다. '인간이 잊지 못할 아픔은 없다. 인간은 죽음과 함께 모든 것을 잊고 잃는다. 그러니 미련도 슬픔도 가지지 말라.'고.

여늬는 '사람이 잊거나 이기지 못할 슬픔이 있다.' 고 맞선다. 그리고는 남편에게 편지를 쓴다. '담 안팎에 어제 심은 소화를 능소화라 하였습니다. 하늘을 능히 이기는 꽃이라 제가 이름 지었습니다. 처음 당신이 우리 집 담 너머에 핀 소화를 보고 저를 알아 보셨듯 이제 제 무덤에 핀 능소화를 보고 저인 줄 알아주세요. 우리는 만났고 헤어지지 않았습니다.'

 작가의 상상력은 수백 년의 타임캡슐을 타고 날아가 무덤 속 미라의 사랑을 재현해 냈다. 해바라기나 천인국처럼 홀로 피어나선 제 아름다움을 능히 펴지 못하고, 무리 지어 피어나서야 주홍빛 정염을 토하는 능소화는 그래서 그리도 아름다웠던가. 오늘도 제 살에 제 몸을 비비듯 담장 위에 몸을 누인 능소화 한 송이 하늘 향해 하늘대며 천상의 사부곡을 바람에 싣는다.
 인류가 존속하는 한 영원히 불변하는 소재는 사랑이 아닐까. 그러나 속도감을 자랑하는 디지털시대의 사랑은 은근하고 진하게 우려낸 원두커피가 아니라 물만 부으면 금세 마실 수 있는 인스턴트커피다. 양은냄비처럼 빨리 끓었다 식어버리는 남녀 간의 사랑은 세태의 변화라고 치자. 닭장 마냥 켜켜이 포개진 콘크리트 밀림의 아파트라는 주거 환경은 이웃 간에도 숭늉의 온기 같은 따뜻한 정을 찾아볼 수 없게 했다. 하여 동서양을 넘나드는 사랑의 흔적은 세인들의 마음을 촉촉이 적시고 있다.
 카리브 해의 진주, 쿠바의 아바나에도 '무덤에 핀 영원한 사랑'을 전하는 카탈리나 로사의 묘가 있다. 설탕공장과 목재소를 운영하던 억만장자의 외동딸 카탈리나와 그녀의 하인이며 소꿉친구였던 호세와의 애절한 사랑이 새겨진 아름다운 무덤이다.

부모의 반대로 유수한 가문의 아들과 결혼한 카탈리나는 어린 시절의 동경을 저버리지 못한다. 어느 날 호세는 어린 소년으로부터 꼬깃꼬깃 접은 종이 한 장을 받는다. 그날 밤, 호세는 어릴 적 뒹굴며 놀던 숲 속에서 꿈에도 그리던 카탈리나를 만난다. 그들의 밀회는 불화로 이어지고 남편은 그녀 곁을 떠난다. 마침내 그토록 애타던 소꿉동무는 결혼하게 된다. 그러나 거기까지 오는 길이 너무 고달팠기 때문일까. 결혼한 지 불과 몇 달 만에 그녀는 호세 품에 안겨 세상을 떠나고 만다. 1935년의 일이다.

넋이 빠진 호세는 사랑하는 여인을 미라로 만들었다. 그녀 생전의 정원사가 새로운 장미 품종을 개발해 '카틸리나로사'라 이름 짓고 묘 입구 대리석 문에다 그 장미 문양을 양각했다. 분묘 석실 속에 미라로 만든 그녀를 뉘여 놓고는 자신도 미라로 만들어져 연인의 옆에 누웠다. 마침내 영원한 사랑이 이루어진 것이다.

사랑에 죽다. 혹은 사랑에 살다. 사람들은 그렇게 사랑 때문에 죽기도 하고 살기도 한다. 남을 기쁘게 해주고 싶어 안달이 난 사람이 아니더라도 사랑에 빠진 사람은 즉물적으로 운명의 사슬에 걸려 죽고 살고 하게 된다. 사백 년 전 여늬의 사랑이 그랬고, 아바나 카탈리나 로사의 사랑이 그랬다. 미라를 통해 다시 태어난 사랑, '우리는 헤어지지 않았습니다'.

내게도 사랑이 있었던가. 아픔도 절실하면 아름다움이라는데 누군들 마른 갈잎이 타는 절절한 통증의 계절이 없었을까. 그 시절, 눈을 감고 그리운 사람을 생각하면 슬픈 귀가 열리곤 했다. 결코 닿을 수 없는 포구였기에 멀리서 바라보는 무인도의 고독은 타는 갈증만을 켜켜이 키워나갔다.

 훌쩍 건너뛴 세월, 한때 절실했던 감정의 울림은 돌아보면 안개 자욱한 빈 바다에 쪽배 하나 띄우기였다. 인연의 해역을 휘몰아 스친 물결 자국인 양 흔적도 없이 원점으로 무망하게 돌아서는 일, 그 또한 인생을 터득하는 성숙의 자양분이었다. 이 가을, 누군가는 또 새로운 사랑을 찾아 길을 떠날 것이다.

두향杜香의 매화 뜰에서
-기생 두향

 서원으로 향하는 길목은 나지막하게 푸른 향나무가 심어져 있었다. 나무에서 풍기는 학문의 향기를 맡으며 문우 몇 분과 함께 오솔길을 걸었다. 적막의 포로가 된 듯 조용히 걷고 있자니 학문을 연마하던 선비들의 글 읽는 소리가 도란도란 들리는 것 같았다. 그렇게 군자마을의 도산서원陶山書院을 찾았다. 인적 드문 고즈넉한 산길은 맑고 고요했다.
 가을이 오는 시월 어느 날, 두향의 매화원梅花園 앞에 섰다. 수백 년 수령을 이고 선 매화의 수피는 잎을 다 떨구고 굵고 검은 몸매로 하늘 향해 몇 개 가지를 뻗었다. 흰 눈이 오고 매운 한파를 견디고 나면 다시 또 꽃피울 봄날을 기다리며 퇴계를 향한 연심戀心을 키우고 선 것이다. 땅속 깊이 뿌리내린 일념의 절개는 세월 가도 의연하게 고목의 기품을 간직하고 있다.

퇴계가 단양군수 시절에 만났던 관기 두향으로 인해 매화를 사랑해 선생의 매화 시는 일백 수가 넘는다고 했다. 과연 그럴 만했다. 서원의 사액현판이 게시된 전교당典敎堂 앞뜰에는 여기저기 심어진 매화가 세월의 무게를 이고 서 있었다.
　만남 당시 퇴계 48세, 두향이 18세, 서른 살의 나이 차이였다. 두향은 시詩와 서書, 가야금에 능했고 특히 매화를 좋아했다. 당시 선생은 부인과 아들을 잇달아 잃었던 상태였으니 해어화解語花였던 동기童妓는 마음 걸어둘 의지처가 됐는지도 모른다. 두향은 월하정인月下情人처럼 초롱불 앞세워 선생을 향한 연모의 정을 태웠을까. 그러나 9개월 만에 두 사람의 깊은 사랑은 끝이 났다. 퇴계가 풍기군수로 옮겨갈 때 선생의 짐 속에는 두향이 준 수석 두 개와 매화 분 하나가 들어 있었다.
　두 사람은 이후 퇴계가 69세 나이로 서거할 때까지 한 번도 만나지 않았으나 두향은 그 후 기적妓籍에서 떠나 남한강가에 움막을 치고 평생 선생을 그리며 살았다.
　퇴계 선생은 그 뒤 부제학, 공조판서, 예조판서 등을 역임했고 말년엔 안동에 은거했다. 사후에는 영의정으로 추증되었다. 선생의 부음을 들은 두향은 나흘간을 걸어서 안동을 찾았다. 한 사람이 죽어서야 두 사람은 만날 수 있었다. 가슴으로 품었던 임의 영정을 먼발치서 숨어서나 바라볼 수 있었을까.
　다시 단양으로 돌아온 두향은 결국 남한강에 몸을 던져 생을 마감했다. 두향의 사랑은 한 사람을 향한 지극히 절박하고 준엄

한 사랑이었다. 이제 시대의 간극을 넘어 충주댐 강선대 근처 구담봉에 있는 두향의 묘에는 한 떨기 망부꽃이 설중매로 피어난다. 두향의 생애는 사람을 사랑한다는 것, 그것의 깊은 의미를 생각하게 한다.

당시 두향이 퇴계선생에게 주었던 매화는 그 대代를 잇고 이어 도산서원 입구에 그대로 피고 있다. 이번 안동기행의 이유는 두향의 매화를 보기 위함이었다. 한 여인의 넋이 밴 나무는 선생의 생존 시 지어진 도산서당 앞뜰의 시들지 않은 고목으로 자라났다. 한 그루 매화 목에서 천출이었으나 귀한 사랑을 바친 두향의 숨결을 읽는다. 그대 있음에 봄철마다 매화 향은 식지 않은 정념의 향기로 서원을 가득 메울 터, 사랑의 힘은 죽어도 죽지 않는 것이다.

유물전시관에는 선생의 생전 유품들이 진열돼 있다. 주요 저서인 《도산십이곡》과 《언행록言行錄》 등 많은 전적류도 있지만 서예 초보입문자의 눈길을 끄는 것은 옥서진玉書鎭과 매화연梅花硯이다. 평생의 손길이 닿았을 선비의 유품들에서 고매한 학문의 자취를 느껴본다.

서원을 나와 강 건너편 시사단試士壇을 무연히 바라본다. 조선시대 지방별과地方別科를 보던 자리건만 지금은 안동댐의 수몰로 송림은 없어지고 강물 한가운데 섬처럼 비각만 덩그마니 섰다. 사라지는 유교문화의 전승을 위해 요즘은 도산별과를 재현하는 한시 백일장인 도산별시陶山別試가 서원 내부에서 열리고 있다고 한다.

  서애 유성룡의 흔적이 밴 병산서원도 그랬지만 학문을 닦던 서원의 풍수는 어디든 산자수명한 게 특징이다. 어김없이 앞에는 강물이 흐르고 병풍처럼 산들이 둘러싸인 곳이다. 한국 정신문화의 수도라 일컫는 안동의 기운과 선비문화의 품격이 엿보이는 부분이다. 낙동강의 본류를 따라 흐르는 강변에 서서 풀벌레 소리를 듣는다. 조용한 서원의 오후는 숨죽인 채 고요하다.

  초대해준 문우 댁에서 안동의 아침을 맞이한다. 물안개 자욱한 개울에선 졸졸 물소리가 들렸다. 천지는 안개에 묻혀 꿈처럼 몽롱했다. 소리 없는 안개비에 머리가 흠뻑 젖는 줄도 모르고 새벽 산책길 나선 일행과 《무진기행》을 이야기하며 걷고 또 걸었다. 삽살개 한 마리가 뒤를 따랐다. 잉골의 새벽은 정적 속에 묻혀 있었다. 끝없이 이어진 에덴동산의 사과밭을 지나 오르막인 의곡 저수지에 이르자 더는 길이 없었다.

  거기까지가 정점이었다. 돌아선 길에 두 사람은 그만 길을 잃고 말았다. 어젯밤 어둠 속에 찾아든 집을 새벽 어스름에 나왔으니 집 찾기가 난감했다. 납작하게 엎드린 시골집은 거기가 거기였다. 낯선 동네의 새벽은 무정했다. 고샅길엔 사람 그림자 하나 없고 턱없이 찾아든 대로에는 덤프트럭만이 쌩쌩 먼지를 날렸다. 이게 아닌데. 둘은 다시 오던 길을 되돌아 개울물 소리의 흔적을 더듬었다.

  가지가 휘어지게 열린 왕대추를 따먹기도 하며 오랍들을 지나

우여곡절 끝에 숙소를 찾아서야 그런 생각이 들었다. 인생은 결국 타향에서 길을 찾아 헤매는 것이 아닌가 하는. 가라 해서 온 것도 아니요, 어디가 끝인지도 모른 채 우리는 걷고 있다. 세월 저 너머 전설이 된 두향의 사랑을 찾아 나선 길, 낯선 동네의 새벽길에서 나는 또 하나의 진실을 만나고 있었다.

그대의 흰 손

4

인간의 길, 신의 길
그대의 흰 손
마음의 고향
안리를 위하여
봄날
성모순례지 감곡
빈손
피세정념
나를 찾아 떠난 여행

인간의 길, 신의 길

며칠 전 김수환 추기경께서 선종하셨다. 이미 고령이라 예감했던 터였지만 그 빈자리가 너무도 크기만 하다. 암울했던 시기에 등불을 밝혀준 우리 시대 큰 어른이시라 연사흘째 온 나라 안이 떠들썩하지만 그분이 원했던 것은 하늘 가는 그 길마저도 조용히 가고 싶었을 것이다.

서울대교구장이었던 47세에 세계에서 가장 젊은 추기경이 되었을 때, 청년 수환은 자신도 도무지 믿기지가 않아 '뭔가 잘못되었을 것'이라며 어리둥절해 했다. 숨은 일도 보시는 하느님께서는 이미 그의 소박하고 진실된 목자로서의 품성을 내다보신 것일까. 그가 단순한 종교지도자를 넘어 온 국민이 존경하는 인물이 된 것은 가톨릭 신자만이 아니라 모든 사람을 '형제'로 삼아 그들을 사랑하고 봉사하고 나누는 데 몸과 마음을 바쳤기 때문이다.

유신정권의 어느 날, 김지하 시인을 찾아간 추기경께선 흰 로만칼라를 손으로 확 잡아 떼셨다. 왜? 가톨릭의 엄연한 사제의 상징인 로만칼라가 아닌가. 그는 한 성직자이기에 앞서 인간이기를 우선했고 인간 대 인간의 따뜻한 가슴으로 연금 상태의 한 시국사범과 대화를 풀어나가고자 했을 것이다. 신과 가장 가까운 곳에서 언제나 인간을 존중하고 사랑했던 사람, 김수환의 종교관을 엿볼 수 있는 장면이다.

김 시인이 영등포감옥에서 출옥하던 추운 겨울밤, 추기경이 그에게 말없이 내민 것은 한 잔 가득히 따른 위스키였다. 술 좋아하는 그에게 이보다 따스한 위로와 다독임이 있었을까. 어떤 날, 김 시인의 아들이 추기경 할아버지에게 물었다.

"하느님은 어디 계세요?" "여기." 그가 가리킨 것은 하늘이 아니라 가슴이었다.

가난한 옹기장수 막내아들이었던 그의 일거수일투족은 국민적 관심의 대상이었지만 정작 그 생활은 단순하고 소박했다. 어느 미국인 신부가 구멍이 숭숭 뚫린 그의 속옷바지를 보고는 '한국의 어느 신부가 그처럼 구멍 뚫린 속옷을 입어본 적이 있겠는가.' 하고 부끄러워하기도 했다. 그런 추기경이 꼽은 가장 행복했던 시절은 가난한 신자들과 함께했던 본당신부 시절이었으며, 또한 가장 그리워한 풍경은 '어릴 적 국화빵 팔러 간 어머니를 기다리며 바라보던 붉게 물든 저녁하늘'이었다.

어린 시절의 꿈은 장사꾼이 되어 돈을 많이 벌어 어머님께 삼蔘

을 사드리고 싶었으나 순교자 집안에서 자란 그가 결국은 신앙심 돈독한 어머니의 권유로 사제가 되었다.

"주여, 당신이 보고 싶습니다./ 당신을 만나고 싶습니다./ 당신과 함께 살고 싶습니다./ 목숨 다하는 그날까지/ 당신과 함께 영원을 향하여 걷고 싶습니다./ 형제들을 위한 봉사 속에/ 형제들을 위한 가난 속에/ 그들과 함께 모든 것을 나누면서/ 사랑으로 몸과 마음 다 바치고 싶습니다."

그렇게 간절히 기도하던 한 시대의 진정한 양심이 87세 노구를 다하여 이제 유리관 속에 고이 잠들었다.

근래 한 지도자의 죽음이 이토록 큰 울림을 준 적이 있었던가. 그를 추모하는 행렬은 길고도 뜨거웠다. 거기엔 가진 자와 못 가진 자, 좌와 우, 지역과 나이, 정치와 이념으로 가르던 내 편 네 편이 없었다. 사람들은 새벽 두 시부터 모여들어 조문이 시작되는 새벽 여섯 시엔 이미 십 리 길에 가까운 줄을 만들고, 이 줄은 조문이 끝나는 자정까지 이어졌다. 사흘 동안에 무려 40만의 조문객이 유해가 안치된 명동성당을 찾았다. 영하의 추위에 길 위에 선 그들은 네댓 시간의 줄서기에 시달려야 했지만 그 흔한 실랑이나 고함, 새치기를 찾아볼 수도 없었다. 그 많은 사람들이 마치 없는 것처럼 행렬은 아주 느리게 움직였다.

이 '조용한 혁명'은 도대체 어떻게 해서 가능한 일일까. 무엇이 이 백성들에게 이리도 긴 목마름을 주었을까. 앞으로 어떤 죽음 앞에서 이렇게 긴 줄이 다시 생겨날 수 있을까. 그때 문득 생각나는 말이 있었다. '주여, 당신이 우리에게 가르쳐 주신 길은 너무 좁은 길입니다.' 앙드레 지드의 〈좁은 문〉에서 신앙심 깊은 알리사가 한 말이지만 정말 그 길이 좁은 것일까. 인간이 좁은 문으로 들어가기 힘든 게 아니라 좁은 눈으로 세상을 보기에 그 문이 좁아 보이는 게 아닐까. 십 리 길로 이어지는 애틋한 문상의 행렬, 그날 나는 인간의 길에서 신의 길을 보았다.

오전 10시, 장례미사가 시작됐다. 각국 대표들의 고별사에 이어 추기경의 녹음 육성이 생전의 모습과 함께 흘러나왔다. "내 나이 팔십오, 여생이 얼마 남지 않았다. 자연히 과거를 되돌아보게 된다……. 온 마음을 다해서, 정성을 다하고 힘을 다해, 나의 모든 걸 바쳐서 주님께 감사와 찬미를 드린다."는 낮고 떨리는 음성이 들리자 곳곳에서 참았던 흐느낌이 터져 나왔다. 미사가 끝날 무렵, 맑고도 슬픈 종소리가 성당에서 울려 퍼졌다.

사람들이 운구차를 향해 손을 흔들었다. 하얀 미사포를 벗어 흔드는 이도 있었다. 그때 온몸에 땟국이 조르르 흐르는 노숙자임이 분명한 한 사내가 "제2의 아버지다!" 하고 중얼거렸다. 종소리는 계속 울렸다. 사람들은 울음을 멈추지 않는다. 그들은 왜 우는가. 육친도 아닌 그가 누구이길래 그토록 속울음이 터지는가. 그것은 사랑이다. 우리는 그분이 떠난 후에야 비로소 사랑의 실체를 본 것이다.

성수聖水와 향香 연기가 추기경의 관 위로 흩어졌다. 정화淨化를 위한 예절이 끝나자 삼나무관의 뚜껑이 서서히 덮였다. 관 속에 든

부장품은 나무묵주 하나뿐, 거기에 온유와 친절이 함께했기에 세상 사람들이 귀하게 여기는 권위와 명예는 찾아볼 수 없었다. 용인 성직자 묘역의 조용한 땅, 하관예절이 끝나고 추기경의 관임을 표시하는 붉은 명정銘旌이 관 위에 올려졌다. 명정 위에 다시 한지가 놓이고 횡대橫帶가 관을 완전히 덮었다. 이제는 지상과의 엄연한 이별이다. "훌륭하지는 않아도 조금 괜찮은 구석이 있는 성직자로 기억해주기"를 바랐던 그를, 사람들은 어떻게 기억하게 될까. 그는 정치가도 사회운동가도 아니었으며 무엇보다도 주님의 사제였고 참다운 목자였다. 그러나 '그 존재만으로도 빛을 뿌렸던 사람'이었다.

 이제 그는 떨리는 목소리로 갈구하던 아버지를 만나 뵈었을까. 그 아버지는 또 "어서 와, 바보야." 하시며 그의 손을 잡아주었을까. 나는 지금 가장 좋아하는 사진 모습인 구부정한 허리에 천진하게 웃는 모습의 그 자태로 주님 앞에 섰을 것만 같다. 묘비엔 사목표어인 '너희와 모든 이를 위하여' 와 성경 시편의 '주님은 나의 목자, 나는 아쉬울 것 없어라.' 가 함께 새겨졌다.

 김수환 추기경. 자신의 부재不在를 통해 더 큰 존재를 드러내신 분. 오래도록 사랑합니다.

그대의 흰 손

 수녀님이 찾는다는 전화를 받은 건 어제 아침이었다. 차마 임종을 앞두고인 줄은 알지 못했다. 연락 못하고 지낸 지가 칠팔 년, 충청도 수리치골의 아름답고 맑은 풍치 속에서 수도원의 평화로운 노년을 지내고 계신 걸로만 생각하고 있었다. 관념 속에 가두어 둔 시간 속에서 수녀님은 어느새 노환을 맞은 것일까. 맑은 얼굴, 소녀 같은 자태였다. 가는 허리에 검은 수도복이 늘 애련함의 기억과 함께 하던 해맑음의 잔상이 스쳐갔다.
 아침 일찍 서둘러 열차에 올랐다. 기억을 되짚어 본다. 연세가 몇이신지, 아마 예순 후반쯤 되셨을까. 무소식이 희소식이랬는데 세월의 무상함이 새삼 떠올랐다. 경부선 철로 가에는 무심한 강물이 조용히 흐르고 있었다. 강물의 끝 지점은 바다요 이승의 끝자락은 영겁의 처소인가. 심지가 다한 촛불의 꺼짐은 세상 이치인데도 사는 동안 사람들은 그 사실을 잊고서 산다. 그러다가 이번처럼 뜻밖의 소식을 접하고는 놀란 듯 황급히 길을 나선다.

　수녀님의 병실은 5층 호젓한 방에 있었다. 안내하는 수녀님이 조신하게 일러준다. 올해 벨라뎃다 수녀님 연세가 일흔둘이라는 것과 간암 말기라는 것을. 마음이 처연해졌다. 조용히 병실 문을 열었다. 누우신 채 미동도 않는 수녀님은 흰 이를 드러내며 조금 웃어 주신다. 나도 웃었다. 다른 말은 생각나지 않았다. 그러나 말이라는 것이 때로는 고통이나 재난 앞에서 얼마나 무력하고 공허한 것이던가. 십 년 세월의 간극은 거기에 없었다. 어제인 듯 수녀님과 함께했던 시간들이 뇌리를 스치며 빠르게 지나갔다.

　가늘디가는 수녀님의 흰 손을 잡았다. 이미 묵주를 쥘 힘이 없어 손바닥은 빈손이었다. 한때는 그 손에 애착도 번민도 쥐었건만 종국엔 이렇듯 다 버리고 가는 것을.

　"……염치가 없다." "네?" 앞에 말을 알아듣지 못했다. 옆에 계신 언니 수녀님이 통역을 하신다. "세월 지났는데도 늙지를 않았으니 얼굴이 염치가 없대요." "아ㅡ 네, 그 말씀이시군요." 옛적 친분을 되살리는 해묵은 농담이었다. 할 말이 더 있으신 듯하다가는 입술을 오므린다. "천국에서 만납시다." 이 말 한마디를 하시고는 힘없이 눈을 감으신다. 마음이 숙연했다. '수녀님, 저는 천국이 자신이 없는데요.' 하는 그 말은 차마 하지 못했다. 얼마간의 비감한 침묵 후에 수녀님이 편하시게 침대 시트를 다독여 드렸다.

　목련처럼 피어나던 삼십 대에 수녀님을 처음 만났다. 그러나 그 목련은 그때 병든 꽃이었다. 심장이 병약한 환자와 병실을 돌보는 약사 수녀로서 우리는 첫 대면을 한 것이다. 가톨릭에 입문하고자 초심자의 병약한 열정에 들떠 있던 내게 수녀님의 출현은 거룩한 회심에 비춰진 등불이었다. 입원실 옆 침대에 열심했던 동정녀 할머니를 안배해주고는 나날이 꽃처럼 위안을 가져다주었다.

느릿한 대구 말씨였으나 금테 안경 속의 혜안은 빛이 났고 가는 몸매에 차가워 보였으나 속정이 깊은 분이셨다. 가톨릭계 병원으로 설립 초기였으니 건강 회복 후 자연스레 병원을 후원하게 됐다. 뜻을 모은 신자들과 함께 정기적으로 월 모임을 갖고 수녀님은 매번 훈화말씀으로 영적인 힘을 심어주었다. 그 세월이 십오 년이었다. 오십대 초반 수도자로서의 전성기와 초심 신자의 맹목적인 정열이 늘 함께한 시기였다.

이 땅에서 수도자로 산다는 것, 그것은 전적인 자아포기요 헌신이 아닐까. 수녀님에게서도 그늘이 보이지 않은 것은 아니었다. 언뜻언뜻 스치는 인간적인 면모가 그분께로 가까이 다가가는 지름길이 되었는지도 모른다. 보이지 않는 신을 섬기며 근원적인 물음을 통해 자신의 길을 꽃피우며 그렇게 수녀님은 운수雲水의 길을 걸어갔다.

눈을 감은 수녀님의 모습은 아기 같다. 소화데레사처럼 예수님의 작은 꽃이다. 머리 수건을 한 채 누워 있는 티 없는 얼굴은 유리알 같은 별사탕이다. 평화로이 잠든 모습에서 한 생을 추구해

온 님의 모습을 보는 듯도 하다. 하늘나라는 저런 것일까.

  오래전에 수녀님을 처음 만났을 때 나는 환자였고 수녀님은 성한 이였다. 이제 그녀를 마지막 대하는 지금은 그 반대 입장에 서 있다. 수녀님은 성치 못한 나를 보살폈으나 나는 수녀님을 보살펴 드릴 수가 없다. 그 사실이 저릿하게 가슴을 눌러온다. 그때 홍윤숙 시인의 애송하던 시구가 떠올랐다.

> 내가 지상을 마지막 떠나는 날은
> 꽃 피는 춘삼월 어느 아침이거나
> 만산홍엽으로 물들어 불타 오르는 가을 햇빛 속이면 좋겠다.
> 머리맡에 사랑하는 가족들 둘러앉고
> 부엌에선 한 생애 손때 묻은 놋주전자
> 달달달 물 끓는 소리 들리고
> 그레고리안 성가 한 소절 잔잔히 흐르는 향불 사이사이
> 슬로비디오로 돌아가는 한 생애 필름
> 스르르 문풍지에서 바람 자듯 잠들면 좋겠다.
> …… 하 략 ……

  수녀님은 그렇게 창호지에 저녁 햇살이 지듯 고요한 천상의 여로를 꿈꾸고 있을까.

  이불깃 사이로 수녀님의 작은 손을 만져본다. 손과 손의 교감, 이미 애증이나 칠극七克의 고뇌마저 놓아버린 손이다. 나는 새들

이 무심히 우짖는 창밖을 멍하니 바라다보았다. 그리고는 말없이 병실 문을 나섰다. 바깥에는 유난히 햇살이 눈부셨고 거리에는 여전히 사람들이 분주하게 오가고 있었다.

마음의 고향

이제는 돌아가야겠습니다.
날마다 그리던 내 마음의 고향으로
꺾어도 꺾이지 않던 교만
버려도 버려지지 않던 욕심
묻어도 묻히지 않던 불만을 가슴에 안고
마음의 고향으로 돌아가
그곳에서 하나하나 정리해보아야겠습니다.

어느 날 세상 바깥쪽으로 밀려났다. 사흘 동안. 인연과 소통의 모든 관계를 끊고 존재의 심연으로 돌아가 자아를 만나기로 하던 날, 마음의 길을 따라가는 침묵피정의 시간이 주어졌다. 다다른 곳이 마음의 고향인지는 몰랐다. 나무와 바람, 구름과 새소리가 있는 수도원의 정적은 묵었던 마음 갈피를 펼쳐보라는 듯 맑은 종소리로 화답했다. 칠월의 숲은 고요했다.

　세상 속에 살면서 외면할 수 없는 관계성은 마치 물고기가 물을 떠날 수 없음과도 같은 것이다. 딸, 아내, 엄마 그 모든 고리가 배제된 공간에서는 훤히 한 인간의 내면이 물밑처럼 비쳐왔다. 창밖에서는 두견이 울었다. 새소리를 들으며 나 역시 세상이란 숲의 한 마리 새였음을 인식한다. 침울했을 때는 가라앉은 소리로, 기뻤을 때는 하이 톤의 맑은 소리로, 존재감을 전했지만 세상 숲에는 여전히 어두움의 목소리가 더욱 많았다. 숲에서 나와 비로소 나무를 바라보는 시간이다.

　새삼스런 인식의 공간. 기도가 또 우리를 부른다. 육신의 밥으로 세상을 살았다면 피세정념의 공간에는 절대자를 향하는 시선이 필수다. 손을 놓음, 내 중심에서 하느님 중심으로 맡기는 기도는 바로 하늘의 소리를 듣는 것이다. 마음의 지성소에서 신을 부르는 날, 나는 평소에 무엇을 위해 간구했던가를 자성해보는 시간이 이어진다.

　한낮의 넓은 성전, 감실을 바라보는 나는 오로지 혼자다. 복도에선 조용히 스쳐 지나고 식탁도 따로따로 철저히 말이 배제된 공간에서 비로소 무한의 자유를 맛보다. 말로 인해 허기지고 소리로 인해 마음에 어떤 아픔을 가졌다면 침묵의 세계는 그것들을 치유해주는 힐링의 터전이다.

　이마에 땀이 송골송골 맺히는가 싶었는데 어떤 자매가 살포시

곁에 매달린 선풍기를 틀어 주고 지나간다. 이것이 바로 기도의 행위가 아닐까. 우리 영혼이 메마를 때 한 줄기 시원하게 영적인 바람이 스쳐지나가는 것. 세상에서 힘들었지? 산다고 지치기도 했구나, 하고 성령의 바람으로 영신을 토닥여 주는 것, 그것이 바로 기도의 숨결일 것이다.

더러는 기도를 푸르른 산에 비유하기도 했다. 절대자를 향해 자주 바라볼 때 내 영혼은 녹음 무성한 푸른 산이었다. 그러나 기도가 메마를 때는 나무 한 그루 풀 한 포기 자라지 않는 민둥산, 황폐한 불모지가 연상되곤 했다. 내 안에서 기도는 영혼의 푸르름이다.

손목에 깁스를 하고도 이 피정에 참여한 이가 있다. 한 시간의 공동묵상 내내 한 손으로 아픈 팔뚝을 바치는 고행을 마다않는 모습에서 나의 불신을 성찰한다. 육신의 고달픔을 이겨내는 저 강한 내적인 힘은 어디에서 오는 것일까. 그럼에도 맨 나중까지 성전에서 머무는 저 경건함이 바로 현대의 순교일 것이다. 불교에서도 마음의 고향에 이르는 수행법인 간화선看話禪이 있다고 했다. 우리는 지금 진정한 마음의 고향을 찾고 있는 것이다.

밤의 숲은 검은색 침묵이다. 길을 가다 잠시 돌아서서 자신의 긴 그림자를 돌아보는 사람들, 내면의 깊은 우물에 두레박을 담근 사람들에게 소리 없는 밤은 더욱 더 물음표를 던지며 깊어가고 있다. 베네딕도 축일, 적막 속에서 베네딕도 수도원의 밤이 저문다.

불을 끄고 자리에 누웠다. 태풍 지나간 하늘에 달빛이 맑다. 열어진 창문 사이로 서슴없이 달빛이 비집고 든다. 소서가 지난 유월보름의 찬연한 달빛, 우거진 수풀의 지붕인 양 휘영청 걸린 달무리는 고요하다. 저리도 순정한 달빛을 바라본 적이 참으로 오랜만이다. 신의 별은 죄의 나락 속에 빠진 인간에게 더 빛나 보인다고 했던가.

새벽잠에서 깨어나 수도원 숲길을 걷는다. 숲속은 가풀막도 된비알도 없이 평화로운 산길로 이어진다. 푸른 안개 속에서 황토색의 낙막한 숲길을 지나는데 어디선가 두런두런 소리가 들렸다. 수도자들의 새벽 성무일도 소리였다. 그제야 주머니에서 묵주를 꺼내들고는 이번 침묵피정에 함께하지 못한 이들의 이름을 하나하나 기억한다. 특히 건강 때문에 불참한 이름 위에는 더욱 더 간절한 마음이 머문다. 오솔길에선 산까치 울음소리도 기도가 되는 아침, 눈앞에는 그림같이 펼쳐진 오륜대 넓은 수원지가 지친 길손을 맞이해준다.

침묵은 아무 말도 하지 않고 가만히 있음이 아니었다. 계단을 오르내릴 때, 성전에서 눈빛이 마주칠 때 가슴 가득 내재하고 있었던 따스한 사랑의 언어들. 드러나는 것만이 전부가 아니라 감춰진 것은 더 많은 의미와 소리를 내포하고 있었다.

수도원을 떠나는 날 아침, 잣나무 가지 위로 아기 졸음처럼 잔잔한 부슬비가 조곤조곤 내리고 있었다. 마치 침묵피정 내내 나를 지배했던 비루한 일상의 조각과 미처 꿰매지지 않은 상처 난

부분들을 가만가만 다독여 주는 듯이.

  능소화 꽃잎 위에도 내려앉는 가랑비는 그렇게 또 일상의 파도 속으로 조용히 나를 밀어 넣고 있었다.

안리安利를 위하여

 겨울을 마지막 보내는 봄의 문턱에서였다. 꽁꽁 언 대지의 긴 잠을 깨우려는 듯 그날은 꽃샘바람이 유난히 차가웠다. 일면식이 없는 사람을 문병하기 위해 낯선 병원을 찾아 헤매는 마음이 더 춥게 느껴졌는지도 몰랐다. 서동에 있는 시민병원을 찾아 나선 길, 교통경찰에 물어 길눈을 익히며 가는 초행길은 멀고도 아득했다. 그러나 내부에서 흐르는 어떤 힘이 우리를 인도하고 있었다. 그것은 성령의 바람이었을까.
 작곡가 길옥윤 씨를 문병하던 날, 그는 마침 병실에 없었다. 오전 물리치료를 받기 위해 휠체어로 잠시 이동한 사이였다. '시간 약속을 하고 오시지요….' 간병하고 있는 소녀가 아쉬운 듯 말했다. 그러나 전화 연결이 쉽지 않았고 어차피 얼굴을 대면하는 일보다는 주님의 위로를 전하고자 함이었으니 메모를 남기기로 했다. 네 시간이나 걸린다는 치료시간을 기다릴 수도 없었을 뿐더러 다른 촬영 취재진이 여럿 그를 기다리고 있었다.

그는 입원실 세 칸을 쓰고 있었는데 하나는 침대가 놓인 병실이었고 그 옆방은 작곡실로 사용하는 듯, 악기와 오선지가 널려 있는 걸로 봐서 육신이 자유롭지 못한 투병 중에도 성가 작곡에 전념하고 있음을 엿볼 수가 있었다. 다른 한 칸은 접견실로서 수많은 꽃바구니들이 쾌유를 비는 마음들을 담아 가지런히 놓여져 있었다. 낯익은 연예인들의 이름이 눈에 많이 들어왔는데 가톨릭의 위로를 전하는 소담한 꽃 리본도 한 편에 작은 자리를 차지하게 됐다.

오래된 구교 집안에서 태어난 그는 돌아가신 어머니와의 한 가지 약속이 있었다. 그것은 이 세상을 떠나기 전에 가톨릭 신자로서 세례를 받는 일이었다. 세상 물결에 흔들리는 듯 한때는 영화도 명성도 그의 것이었으나 아리아드네의 운명의 실끈은 말년의 그를 일본으로 이끌었다. 동경의 허름한 뒷골목, 아까사까의 작은 주점 어두운 조명 아래서 색소폰을 불던 예인의 외로운 심령에 폐암이란 몹쓸 나그네가 찾아 들었다. 아직은 살아야 할텐데-.

일본에서 재혼해서 낳은 딸 안리安利는 이제 겨우 열두 살이었다. 눈에 넣어도 아프지 않을 늦둥이 어린 딸을 위하여서도….

동경 한인 천주교회, 드디어 그는 인생의 해거름에서야 어머니와의 약속을 지키게 된다. 아침 아홉 시에 포도원에 일하러 온 일꾼이나 오후 세 시에 온 일꾼이나 똑같은 품삯을 주시는 하느님의 자비에 힘입어 그는 원래 이름인 '최치정催致楨 사도요한'으로 새롭게 태어나게 된다. 세월의 문풍지에 바람이 사납게 드나들던 황혼녘이었다.

시간이 얼마 남지 않았었다. '어머니의 아들'은 휠체어에 의지한 몸이지만 신심의 뜨거운 투혼으로 가톨릭 성가 작곡에 매달리게 된다. 마침내 의사인 친동생의 주선으로 부산의 시민병원으로 옮겨 왔노라는 신문 보도를 접하면서 마음속에 불길 하나가 타올랐다. 그가 의지하는 하느님의 위로를 전해야 한다는…. 아마도 가톨릭 단체장의 이름이 그 사명감을 부추겼는지도 모를 일이었다.

그런데 오후 늦은 시각에 간병인으로부터 길 선생께서 통화하고 싶다는 연락이 왔다. 그의 음성은 부드럽고 나직했다. 환자의 힘없고 두려운 어조가 아니라 온유와 위엄이 서린 성직자의 목소리 같았다. 그 나직하고 진실된 어조에서는 절대자에게 간구하는 애틋한 영혼의 떨림이 전해져 오고 있었다. 몸담아 온 연예계가 아닌 가톨릭의 뜻밖의 방문에 그는 몹시 고마움을 표시하고 싶어 했다. 나는 하느님께서 주신 재능으로 병상의 몸으로도 성가 작곡에 전념하는 그 의지가 부럽다고 했고 그는 끝까지 투병 의지를 잃지 않고 최선을 다하겠노라고 했다.

"선생님, 만나 뵐 수 있었다면 함께 기도하고 성가도 부르고 싶었는데…. 지금 지장이 없으시다면 기도해도 되겠습니까?" 마음

안에서 뜨거운 바람 하나가 훑고 지나갔다. "예, 기도해 주십시오. 저는 사도 요한입니다. 길요한이라고도 하고 본 성性이 최 씨니까 최요한이라고도 합니다. 저는 이제 살아도 주님의 것이요 죽어도 주님의 것이 아닙니까." 그것은 슬픔보다 간절한 신앙고백이었다. 최 씨면 어떻고 길 씨면 어떠랴 주님께선 그분의 성씨를 묻지 않을 테니까.

"성부와 성자와 성령의 이름으로 아멘." 전선電線을 통해 함께 성호를 긋고 기도하는 내 음성은 그때 가늘게 떨리고 있었다.

"말씀으로 우리들의 생활을 주관하고 계시는 하느님 아버지. 오늘 당신께서 사랑하시는 사도 요한의 병실을 방문할 수 있도록 허락하신 은혜를 감사드립니다. 저희들의 미천한 발걸음이 요한에게 아버지의 사랑을 전하는 거룩한 시간이 되게 해주시고, 기도하는 이 순간에도 당신 사랑이 머무르게 해 주십시오. 비록 나약한 우리지만 함께하는 지금 이 시간 주님의 자비를 간구하는 요한의 청을 외면하지 말아 주십시오." 기도하는 두 마음은 마치 옆에서 함께 손을 맞잡은 듯 더욱 간절해졌다.

"당신이 택하신 이스라엘 백성이 광야에서 헤메일 때 낮에는 구름기둥으로, 밤에는 불기둥으로 그들을 인도하시어 약속의 땅 가나안에 들게 하시었듯이 또 다른 당신의 백성인 요한이 지금 광야에서 부르짖고 있습니다. 그의 인생길을 이끌어 환한 광명의 길로 인도해 주시옵소서." 전선 저편에서 그가 내내 흐느끼고 있었고 내 마음도 함께 숙연해지고 있었다. 그 순간 그와 내가 한 마음으로 일치되었듯이 평화의 주님께서 함께하심을 믿고 있었다. 시간이 허락한다면 다시 한번 방문하겠다는 약속과 함께 통화를 끝냈는데 그 약속은 이루어지지 못하고 말았다.

며칠 후 성가를 아름답게 부르는 소피아와 함께 아침 일찍 병실을 찾았다. 그러나 〈주 예수와 바꿀 수 없네〉란 성가로 그 심령을 위로하고자 했던 뜻은 수포로 돌아가고 말았다. 우리가 도착했을 때는 위급해진 그가 서울로 막 옮겨 가고 난 후였다. 황급하게 비운 듯한 빈 병실에서는 우리의 못다 부른 노래가 말없는 메아리로 울려 퍼졌다. 그리고 그것이 마지막이었다.

찰나적인 짧은 만남이었다. 얼굴 한번 마주하지 않은 석양의 노을 진 비탈에서의 옷깃 한 자락의 스침이었다. 그러나 지금도 나는 믿는다. 참으로 이 세상의 어떤 것도 주 예수와 바꿀 수 없다는 신념과 믿음 속에서 주님의 위로를 전해 받고, 영혼의 화평 속에서 그가 먼 길을 떠났을 것이라고.

갈래머리를 얌전하게 땋고 복도 끝에 말없이 서 있던 눈이 또랑또랑하던 어린 딸아이. 그 안리를 위하여 오래 살고 싶다던 소망은 비록 거두어졌으나 그러나 소녀의 마음 안에서 그는 위대한 작곡가요 좋은 아버지로서 영원히 살아있을 것이란 믿음과 함께.

봄날

 알 수 없는 일이다. 봄날은 이리도 화창하고 종달새 노랫소리 드높은데 어인 일로 새 봄에는 어김없이 흉몽에 시달리는지. 올 봄만의 일도 아니다. 음산한 겨울이 가고 만물이 땅을 뚫고 올라오는 지기로 인해 그 땅의 기운이 어느 때보다 왕성해질 때 나는 늘상 꺼져드는 악몽으로 인해 주기적으로 침몰하여 다시는 일어설 수 없을 것처럼 깊은 나락으로 빠져들곤 했다.

 이미 성년이 된 아이들은 꿈속에서는 언제나 아기 때로 돌아가 있다. 피폐한 모습의 아기는 자식인지 피붙이 동생인지 구별도 안 가는데 나는 어린 아기를 안고 동네로 젖을 얻으러 다닌다. 엄마는 장에 가고 마음이 다급한 나는 집집마다 대문을 두드린다. 이내 또 아기는 다 큰 내 자식들의 모습이다. 시차도, 장소도 왔다 갔다 분별이 되지 않는다.

아기를 등에 업고 헤매는 급박함은 매장의 메말랐던 기억과도 연결된다. 사내들이 들어와 갑자기 전기를 끊고는 매장의 탁자들을 들고 가버린다. 나는 황급히 역으로 탈출했는데 가다 보니 푸른 샌들이다. 신발을 바꿔 신기 위해 들른 집에는 장롱 서랍의 옷들이며 주방엔 찬장의 그릇들이 그대로인데 그새 열린 문틈으로 생쥐처럼 도둑이 들어와 있다.

분노한 내가 그들을 마구 내쫓다가는 잠이 깬다. 휴- 얼마나 다행인지. 아기는 근심이라는데 무슨 걱정거리가 생기려나. 봄날 해는 중천에 떠있고 자고 나면 몸은 솜방망이요, 스토리도 이어지지 않는 밑도 끝도 없는 해괴한 꿈의 연속에 기억만 가물가물하다. 낮에 읽은 《엄마를 부탁해》란 책의 연상 작용인가. 그 주인공은 엄마를 잃어버리고 찾아 헤매는데 실종된 엄마가 신고 있었던 신발이 발가락이 나오는 푸른 샌들이었다.

꿈의 사전적 의미는 잠자는 동안에 생시와 마찬가지로 여러 가지 현상을 느끼는 환각이거나 또는 실현될 가능성이 전혀 없는 허무한 바람이라고 했다. 그렇다고 무슨 봄날에 이루지 못한 꿈이라도 있냐면 그 또한 아니다. 걱정이야 사는 한 끊이지 않는 것, 그것은 삶의 본질일진대 꿈속에서까지 시달릴 이유야 없지 않은가.

근년 들어 봄은 내게 점점 잔인한 계절이 되어가는 듯하다.

조팝나무 흰 꽃으로 내리는 이 아름다운 소생의 계절에 어째서 나는 바닥으로 가라앉는 기분이 되는 것일까. 그 까닭을 정확히는 몰라도 아마도 봄의 기운과 대비되는 내 안의 어떤 어둠이 자괴감의 그림자로 인해 더욱 짙어지기 때문이 아닌가도 싶다. 내게 외적으로 고통이 충분치 않을 경우, 내적으로 그것을 불러들여서라도 고통과 함께 살아가는 법을 배우는 것이 나의 구원에 투자하는 것이라는 이야기? 그렇다면 나의 이 봄 앓이도 무의미한 시달림은 아닐 것이다.

사막의 은수자들은 고통 가운데서 영적인 메마름을 승화시켜 나가곤 했다. 우리 시대의 위대한 영성가요 저술가인 카를로 카레토 수사는 십 년간 사하라 사막에서 관상생활을 했다. 그에게 사막의 메마름이 없었다면 후세에 그토록 빛나는 영적 금언집을 남길 수가 없었을 것이다. 그는 고통이야말로 구원으로 가는 더 없이 좋은 박차요 전략이라고 했다. 아마도 만물을 끌어 올리는 뜨거운 태양과 고통의 극점은 서로 상통하는 것인지도 모를 일이다.

나락을 털고 일어나 봄 속으로 들어가기 위해 집안을 청소하고 목욕을 하고 옷을 갈아입고 사람들에게 전화를 걸었다. 그러나 막상 외출을 하자 곳곳에서 환호를 지르며 피어나는 봄꽃들의 위세에 또 금방 기가 질려 내 영혼은 어둠의 처소로 돌아가기 위해 허둥댄다. 기도는 영혼의 푸르름이다. 기도하지 않을 때 내 영혼은 헐벗은 겨울 산이었다. 영적인 메마름 또한 기도하기 위해 부르는 구원의 손짓이다.

촛불을 켜고 고상苦像 앞에 앉아서 침묵 가운데 손을 모은다. 무엇이라 고할 것인가. 기도할 말을 찾기 위해 마음을 어지럽히기보다는 아무 말 않는 것이 더 좋은 기도인지도 모른다. 인간은 결국 신 앞에 단독자이다. 가장 절실하게 그것을 느낄 때는 절망 앞에 섰을 때나 중병을 만났을 때였다. 인간에게서 위로받을 수 없을 때 보이지 않는 어떤 위대한 손을 바라보게 된다. 그러고는 겸허와 승복함을 읽는다. 또는 복종의 미덕이라 해도 좋을 것이다. 편안해지는 마음, 거기에 영혼의 안식이 있다.

'베티의 금고' 이야기가 있다. 기원전 4세기, 유흥과 환락의 도시 폼페이가 베수비오 화산폭발로 인해 화산재와 돌덩이가 덮쳐 순식간에 거대한 산으로 변하고 말았다. 천여 년 동안 속에서 잠자던 폼페이가 긴 잠에서 깨어난 것은 한 수도사가 수도관을 고치는 과정에서 세상에 드러났다. 아직도 남은 부분이 발굴 진행 중에 있다는데 그 한 저택의 마당에 술장사로 갑부가 된 베티라는 사람의 금고가 1900년 전 모습 그대로 화석이 되어 덩그러니 놓여 있다고 한다. 재물과 욕망, 그 허망함의 현주소가 아닐 수 없다. 허황된 꿈을 좇아 부나비처럼 버둥대는 우리 또한 오늘의 베티가 아닐까.

꽃들이 자지러지게 피었다가는 이내 지고 마는 봄날에는 모든 사라지는 것들에 대해 생각하게 한다. 꾸었다가는 일어나면 금세 잊고 마는 꿈결 한 자락처럼 목숨 또한 종국에는 사라지는 것이니 생성과 소멸의 이름이 둘이 아닌 하나인 것만 같다. 봄 아지랑이 사이로 가물대는 훈풍이 저만치 멀어져 간다. 잡을 수 없는 꿈처럼, 청춘의 어떤 날처럼.

성모순례지 감곡

　접동새 울음소리가 오월 창공에 퍼지고 있었다. 흰 꽃잎이 눈송이처럼 흘러내리는 동산에서 사람들은 묵주기도의 띠를 이루었다. 점선처럼 이어가고 있는 침묵의 기도행렬, 그것은 마치 천상으로 향하는 계단의 시작과도 같았다. 욕망을 벗어나 마음속 은총의 수로를 따라가는 길. 충청도 두메산골의 고요가 저마다의 가슴에 평화를 심어주고 있었다. 115년 전에 프랑스신부가 일군 벽촌의 신앙 터에서 첫 토요일 신심미사가 있던 날이었다.
　감곡매괴성모순례지는 '임가밀로'라는 선교사를 통해 처음부터 성모께서 친히 잡으신 터였다. 가밀로 신부의 고향은 프랑스 루르드였다. 어릴 때부터 늘 어머니 손을 잡고 루르드성지를 다닌 그는 성모신심이 돈독해 아홉 살 때 평생 성모님을 어머니로 모시게 해달라는 청원을 했다. 어느 날, 리지외의 갈멜수녀원을 찾았을 때 인형처럼 예쁜 '소화데레사' 수녀를 만나게 되고 그들은 영적 오누이가 되었다. 가밀로 신부가 사목하던 장호원성당과 소화데레사 성녀의 특별한 관계가 있게 된 계기였다.

파리외방전교회 소속으로 1893년 서품을 받은 그는 바로 조선에 입국하여 이듬해 유서 깊은 교우촌, 신학당이 있던 여주 부엉골에 부임하게 된다. 그러나 사목지가 북쪽 끝에 위치해 있을 뿐 아니라 산지부락이어서 본당 이전을 생각했다. 어느날, 말을 타고 장호원에 이르렀을 때, 산 밑에 대궐 같은 집을 보고는 이곳이 사목지로서 적합하다는 것을 직감하였다. 그는 즉시 어머니가 준 무염시태 '기적의 패'를 그 땅에 묻고는 이 땅을 주시면 매괴(로사리오)성당을 짓겠다고 약속하고 부엉골로 돌아가 끊임없이 청원하였다.

당시 산중의 아흔아홉 칸 대궐 같은 집은 명성왕후의 육촌오빠인 민응식의 집이었고 임오군란 때 명성왕후가 피신 와 있던 곳이었다. 일 년 반이 지난 후, 을미사변이 일어나 기적적으로 모든 집터와 산을 헐값에 매입하게 된 가밀로 신부는 처음의 약속대로 매괴 성모를 주보로 모신 성당을 짓게 되었다.

일제 강점기 때 일본인들이 천주교 기를 누르기 위해 성모동산에 일본 신사神社를 짓기 시작했다. 임신부는 또 땅 밑에 기적 패를 묻고는 '이 공사를 중단하게 해주시면 이곳을 성모님께 바치겠습니다.' 하고는 순직한 믿음으로 밤낮없이 기도했다. 묘하게도 공사 중 바위가 굴러 인부가 죽거나 뇌성벽력이 치는 등, 여러

가지 기상이변과 천재지변으로 일본인들은 그 땅에 못 하나 치지 못한 채 해방이 되고 말았다. 이 모든 과정은 매괴박물관에 사진으로 잘 보관되어 있는데 그 터전이 지금의 성모동산이 되었다.

감곡성당(옛 장호원성당)의 기반을 마련한 가밀로 신부는 51년 사목생활 중 36년 동안을 혹독한 일제치하에서 보냈다. 네 번의 투옥생활에서 사형선고를 받고는 형 집행을 기다리던 때, 마지막 소원으로 본당 신자들과 미사를 하고 죽게 해달라고 청했다. 이윽고 일제 감시 하에 진행된 미사 도중에 성당 문이 벌컥 열리면서 동네 청년들이 뛰어들었다. '신부님, 해방이 됐습니다!' 죽음의 길에서 삶으로 돌아온 감격의 순간이었다.

매괴 성모상은 루르드에서 제작해 1930년 대성전 건립 당시 제대 중앙에 안치되었다. 한국전쟁 때 성당은 인민군사령부가 되었는데 그들이 회의 도중 도깨비불을 보는 등 여러 가지 이상한 일들이 생겨났다. 그 원인이 저 위에 높이 모신 성모상 때문이라 판단한 그들이 총을 쏘기 시작했다. 일곱 발의 총을 맞고도 부서지지 않자 이번엔 따발총으로 사격을 했으나 총알이 피해갔다. 화가 난 그들이 이번엔 끌어내리려고 올라가 망치로 얼굴을 내리치려는 찰나, 성모상에서 눈물이 비 오듯 흘러 내렸다. 인민군들은 더 이상 건드릴 수 없었고 그때부터 성당에서 철수하였다.

성당 안에 숨어있던 삼십여 명 청년들은 한 사람도 붙잡혀가지 않고 지금은 팔십대가 되어 그 정경을 증언하고 있다. 6·25가 끝난 후 일곱 발의 총을 맞고 인민군을 내쫓은 성모상은 '칠고의 어머니'로 불려 많은 이들이 외적 내적 치유를 받고 있다. 이 수많은 기적과 신비의 힘을 보면서 나는 일생을 갈멜수녀원에서 기도하는 삶을 마친 소화데레사 성녀의 애끓는 기도를 생각하지 않을 수 없었다.

조국 프랑스를 떠나와 척박한 조선 땅에서 성모순례지의 터전을 일군 가밀로 신부는 1947년 '성모여 저를 구하소서.'라는 마지막 말을 남기고 세상을 떠났다. 지금은 느티나무 밑에 동상으로 서 있는 가밀로 신부. 그가 평소에 신자들에게 자주 한 말도 함께 새겨졌다. "나는 여러분을 만나기 전부터 사랑했습니다." 사람과 사람 사이에 이보다 더 아름다운 말이 있을까.

감곡은 시도, 읍도 아닌 충청도 오지의 면 소재지에 불과하다. 그러나 뿌리 깊은 신앙의 터전은 백오십여 명의 성직자 수도자를 배출한 우리나라 최고의 성소 못자리가 되었다. 신앙의 핵심은 성체 안에 현존하는 예수님이며, 성체성사가 신앙생활의 중심이라 여긴 가밀로 신부는 지방에서 최초로 성체거동행렬을 거행했으니 이 신심행사는 백 년이 가까운 지금까지도 계속되고 있다.

성전 바닥은 복도까지 꽉 찬 신자들로 발 디딜 틈이 없다. 성모성월의 찬미는 그대로 간절한 기도가 된다. 길고 긴 영성체 줄에 서 있으면서도 시선은 줄곧 제대 위 성모상에 머무른다. 묵주기도로 시작된 집회가 미사와 성체거동, 안수기도로 이어져 자정으로 가고 있다. 주먹으로 박자를 맞추며 〈성령송가〉를 힘차게 선창하는 김웅렬 신부님의 카리스마가 강을 헤집어 바다에 다다른다.

성모께서 손짓한 것일까. 누가 부른 것도 아닌데 스스로 찾아온 발걸음. 한 외국인 선교사를 통한 성모사랑의 역사가 살아 숨 쉬는 곳 감곡순례지는 이제 한국의 루르드가 되고 있었다.

빈손

　책을 펼치자 아프리카의 광활한 평원이 나타났다. 타는 듯한 햇볕 아래 드문드문 기린 목을 하고 선 나무 사이로 사막의 건조한 바람이 지나간다. 고독이 오히려 사치처럼 보이는 빈 공간에서 한 사제가 흑인 소년의 고백성사에 귀를 기울이고 있다. 무릎을 맞대고 앉았으니 흰색 제의는 땅에 늘어뜨린 채다. 말하는 이와 듣는 이의 표정에는 흑백의 피부색보다 더 선명한 간절함이 묻어난다. 성자의 기운이 저런 것일까.

　어제 바오로서원에서 아프리카로 선교사목을 떠난 살레시오회 이태석 신부의 책을 샀다. 두 장 넘기고는 창밖을 바라보고 석장을 읽고는 눈을 껌벅이며 멍하니 쉬어가느라 쉬이 진도가 나가지 않는다. 어머니의 아들, 음악을 사랑하는 의사요 사제였던 그는 왜 지구 반대편을 돌아 저기 검은 대륙에 앉아있는 것일까. 한 잔의 마실 물이 아쉬운 척박한 오지로 그를 불러들인 것은 누구였을까.

사제가 되기란 쉬운 일이 아니다. 칠 년 동안의 신학 과정과 삼 년의 군 생활을 지나면 십 년 세월이 소요된다. 한 인간의 젊음과 열정을 깡그리 바쳐 독신으로 살고자 서약하는 사제가 태어나기까지는 숱한 어려움과 번민의 시간이 함께한다. 그러나 그 선택은 강요나 권유가 아니라 순수한 자신의 의지에서만이 가능하다.

의사가 되기 또한 만만치 않은 일이다. 인간의 영혼과 육신을 함께 치유하는 모든 과정을 거쳤을 때 그가 택한 땅은 일체의 문명이 배제된 아프리카였다.

그가 경비행기를 타고 남부 수단의 톤즈마을에 도착한 것은 8년 전이었다. 모든 것이 거꾸로 돌아가는 세상, 전기 전화는 물론 텔레비전도 슈퍼마켓도 없는 동네였다. 섭씨 사오십 도를 오르내리는 곳에서 타는 갈증을 달래는 것은 더운 물 한 컵, 그나마 마실 물이 있으니 다행으로 생각해야 했다. '없는 것이 없는' 한국과는 달리 '있는 것이 없는' 황무지 같은 땅에서 쫄리john lee신부의 사목생활이 시작된다.

그에게 먼저 온 것은 어떤 일을 먼저 해야 할지 모르는 막막함이었다. 수년간 계속된 내전의 상흔으로 거리마다 널린 환자들을 돌보기 위해 우선 병원을 짓는 일이 시급했다. 그러나 톤즈에서는 모래 말고는 아무런 건축자재도 구할 수가 없었다. 나사못 하나를 구하려 해도 수천 킬로가 떨어진 인근 나이로비에서 비행기와 자동차로 실어 와야 했지만 오래지 않아 환자를 돌볼 수 있는 진료소를 마련했다. 열두 칸 방이 있는 작은 보건소 수준의 병원이었지만 그에겐 상처받은 땅에서 일궈낸 첫 번째 기적의 씨앗이었다.

톤즈마을의 딩카족은 나이도 생일도 모르고 산다. 거기엔 생년월일을 신고할 기관이 없기 때문이다. 여성들의 성에 대한 무지 또한 대단하다. 폐경에 대한 지식이 없으니 '임신한 지 이삼 년이 지났는데 배도 불러오지 않고 아기도 나오질 않는다.'고 불평을 하며 병원을 찾는 아낙들이 종종 있다고 한다. 부끄러움 또한 모르니 팬티라는 게 있을 리 없고 진료실에서 아픈 곳을 물으면 독신사제에게 아무 거리낌 없이 옷을 훌렁 벗어젖히고 보여준다. 당혹해진 그는 오히려 아담이 선악과를 따먹기 이전의 순수를 느껴 보기도 한다.

그러나 진료실로 들어오는 환자의 걸음걸이와 눈동자만 봐도 어떤 종류의 말라리아에 걸렸는지 알아챌 정도가 되기까지는 본인 스스로 수차례 말라리아로 고통을 겪어야 했다. 마치 나환우들을 돌보기 위해 몰로카이 섬으로 들어간 다미안 신부가 마침내는 발등에 떨어진 끓는 물에도 아무런 감각이 없게 된 일과 같은 일이었다. 병원 어디에도 십자고상이나 성모상도 없었건만 진료한 환자들을 주일미사에서 마주치는 일이 늘어나기 시작했다. 함께 아파하고 먼저 안아주는 시간이 쌓이면서 매년 수백 명이 세례를 받는 선교적인 성과를 가져오게도 된다.

수단의 정말 아름다운 것 두 가지는 금방 쏟아져 내릴 것 같은 밤하늘의 무수한 별들과 투명하고 순수한 그곳 아이들의 눈망울이었다. 브라스밴드를 결성한 이야기는 영화 〈미션〉을 연상케 한다. 남미 원주민처럼 그곳의 청소년들도 탁월한 음감音感을 가지고 있어 배운 지 일주일 만에 양손으로 오르간을 연주하는 아이까지 나왔다. 이들의 뛰어난 소질을 발견한 그는 한국 후원자들의 도움으로 플루트, 트럼펫 등을 구입해 35인조 브라스밴드를 만들었다. 수단의 명물이 된 밴드는 이제 대통령이 참석하는 행사에 초대될 정도로 발전하게 됐다.

 움막집 앞에서 각종 악기를 손에든 채 하얀 이를 드러내고 올망졸망 웃고 있는 밴드부 사진 속에서 얼굴이 검지 않은 이라곤 맨 오른쪽의 이 신부 혼자뿐이다. 그는 결코 성자가 되려한 적이 없었다. 의술로, 음악으로, 영혼을 쓰다듬는 사제로서 불모의 땅에 희망을 심어준 것이 그의 역할이었다. 단지 가장 보잘것없는 사람에게 베풀라는 예수님의 말씀과, 아프리카 원주민들과 함께 평생을 헌신한 슈바이처 박사, 그리고 자식을 위해 헌신적인 모범을 보여준 어머님의 고귀한 삶이 그를 거기 있게 한 스승들이었다.

 한 사제의 거룩한 삶을 통해 역동적으로 역사하시는 하느님의 모습을 느껴볼 때, 먼 나라에서 일어난 일들은 바로 우리들의 이야기로 다가오게 된다. 육신이란 바람에 흘러가는 누더기에 불과한 것, 영혼은 태어나지도 죽지도 않으리니 끝나는 일도 결코 없으리. 영혼의 주인에게 돌아갈 때 이 빈손에 무엇을 들고 갈 것인

가. 삶의 진정한 가치를 추구하는 젊은 사제의 모습이 진정 아름답기만 하다.

※ 열정적으로 아프리카 톤즈마을의 가난한 이를 돌보던 이태석 신부님은 자신의 건강을 돌보지 못한 채 2010년 2월 하느님의 부르심을 받다.

피세정념避世靜念

 밤은 적막에 싸여 있다. 숲들이 침묵하며 고요 속에 가라앉은 시각, 수도원의 봄날 저녁은 세상을 비껴나 아늑한 정적에 감싸인다. 창틈으로 스미는 오렌지색 불빛만이 저 홀로 깨어 있음을 알려준다. 봄비 속에 머무는 수도원의 하루는 이렇듯 고즈넉한 평화 속에 잠긴다. 나무들이 숲에서 나와 나무를 바라보듯이 일상을 잠시 비켜나 나를 되돌아보는 시각이 피정의 집에 머무름의 뜻이 아닐까. 비켜난다는 것, 참된 자아를 찾기 위해 잠시 떠난다는 것, 그것은 잃어버린 나를 찾기 위한 구도의 몸짓일 것이다.
 세상을 떠나 나를 다스린다? 피세정념의 길을 좇아 빛고을 '명상의 집'을 찾았다. 오월의 푸르름을 시샘하는 양, 남도 행 찻길 내내 먹구름과 함께 심술궂은 비가 흩뿌렸다. 단아한 흰색 치마저고리에 고무신을 신고 쪽찐 비녀 머리를 한 한복차림의 성 모자상이 푸른 잔디 위에서 푸근한 정겨움으로 맞아준다. 고무신, 막걸리, 무궁화… 우리 민족이 갖는 신앙의 토속적인 정서가 우러나게 하는 곳, 전례의 토착화는 이렇듯 외형적인 데서 먼저 눈에 뜨이는 것인가 보다.

언제 와도 머무르고 싶은 곳, 가족 같은 수도자들의 보살핌이 있기에 수도원의 방문은 언제고 푸근한 영혼의 쉼터가 되어주었다. 이 세상에 대해서 죽고 그분 안에서 다시 산다는 검정 수도복의 수도승들, 천상을 위해 헌신하는 지상의 사제들, 물신주의가 만연한 이 세대에 그들이 택한 삶의 방식은 무엇을 말해주고 있을까. 세상에 수도원이 존재한다는 이유 하나만으로도 분명 하느님은 계시다고 믿어도 좋을 것이다. 일회성의 고귀한 삶을 평생 보이지 않는 신을 위해 살아가는 사람들. 헌신, 봉헌, 절제, 기도 그 모든 단어들보다도 더 높은 차원의 인생의 가치를 찾아가는 사람들.

수도원 정문 창유리 사이로 투영된 밤의 불빛은 고독한 은수자隱修者의 미소를 닮아 있다. 나는 이층 창가에 서서 불빛 아래 담소를 나누고 있는 두 사람의 수도승을 오래도록 내려다본다. 사람들이 밀물처럼 밀려와 썰물처럼 빠져나간 후 저들의 가슴속엔 무엇이 남아 올까. 세상으로부터 자유롭되 세상을 등지지 않은 사람들. 청빈과 고독을 자의로 선택했기에 스스로 다른 이의 고독을 덜어주기 위해 택한 봉헌자의 내면을 혼자서 말없이 유추해 보기도 한다.

넓은 방 차곡차곡 쌓여진 방석들이 주인을 기다리는 성체조배실, 조용히 가뭇거리는 성체 등 앞에서 감실龕室 안에 홀로 계신 그분과 독대한다. 내가 나에게서 걸어 나와 나를 바라다본다. '너 이제 왔느냐. 내 너를 그리며 오래도록 기다렸거니.' 그분 앞에 서면 언제나 넉넉해지는 이 마음은 어디에서 오는 것일까. 세상이 주는 평화가 아닌 또 다른 넉넉함은 누가 가져다주는 것일까.

이튿날 아침. 〈그레고리안 성가〉의 잔잔한 음률에 설핏 새벽잠을 추스르며 시린 눈을 비빈다. 헐었던 영혼의 환부가 사금파리에 베인 듯 선명한 자국을 남기며 정수리를 훑고 지나간다. 초록이 무성한 수도원의 숲에는 아직도 실비가 조근조근 산천을 적시고 있다. 소리도, 빛깔도 없이 투명한 분가루처럼 내 영혼에 흘러내리는 빗줄기.

흐린 날의 아침 커피에는 달콤한 미혹이 들어있다. 현관 입구 창 너머에서 외롭게 비에 젖고 있는 흰 피에타 상을 멀거니 바라보고 있는데 "잘 주무셨어요?" 하는 음성이 다가온다. 콧수염을 기른 비오 수사님이다. 희끗한 머릿결이 수도승의 오랜 세월의 흔적을 말해준다. 두 사람은 잠시 창밖을 응시하는 정물이 된다.

조곤대는 빗속에 드러누운 수도원 뒷산은 적요 속에 텅 비어 있다. 그 빈산을 홀로 걸어본다. 아침 미사는 밥상 공동체였다. 둥그런 밥상에 둘러앉아 성체를 영하며 형제적 일치와 사랑을 나누는 그림들. 죄의 근원을 다룬 오늘의 복음 말씀을 되새겨 본다.

일순 비가 멈추었다. 눈앞에 전개되는 아름다운 숲의 바다. 비에 씻긴 나뭇잎들이 오월 춘풍에 간들간들 춤을 춘다. 그 가벼운 한들거림이 그지없이 아름답다. 낭자의 임이 낭군이라면 잎새의 임은 바람이려나. 한 점 잎새를 간질이는 미풍의 유혹에서 오래도록 눈길을 떼지 못한다.

자연의 경이로움이 이렇듯 찰나적인 데서 존재하듯이 인생의 행복도 아주 단순하고 작은 것 속에 넘치고 있다. 우리에게 필요한 것은 그것을 느낄 수 있는 마음의 여유와 소박한 가슴이다. 그것이면 우리는 행복하기에 충분하다. 이 명쾌한 진실을 나는 모든 것을 다 털고 난 후에야 깨달았다.

되돌아보면 행복 또한 부질없는 것. 봄이 오는 들녘에 두 발로 서 있으면 그것만으로도 행복한 것이려니. 피정의 마지막 날 아침, 봄비가 멈춘 숲에서는 비비새의 지저귐이 청량하게 울려 퍼지고 있었다.

나를 찾아 떠난 여행

새벽에 눈을 뜨니 등허리가 따뜻했다. '숲속의 집' 이름만큼이나 외딴집에서 아침을 맞았다. 깊은 산골 정적이 가슴깊이 파고든다. 어젯밤 늦게 빗속에서 양양의 산골 수도원을 찾아든 길손들은 늦게서야 잘 익은 수밀도에 한 잔의 와인을 마셨다.

아무리 오지의 수도원이라지만 차마 그렇게 첩첩산중일 줄은 모르고 있었다. 여러 번 오고자 했으나 매번 장애 여건에 부딪쳐 한 번도 와보지 못했던 터라 이번 장맛비 속의 모험은 커다란 일탈이었다. 휴대폰도 터지지 않는, 현대 문명과는 철저히 단절된 곳에서 네 명의 수도사가 함께 생활하고 있었.

냉장고에는 메모지가 붙어있었다. '한 가족으로 오상영성원을 찾아주신 여러분의 사랑에 감사드립니다. 친정집이려니 여기시고 편안하게 숲 속의 별채에서 담소도 나누시고~~.' 요한 수사님의 다정한 음성처럼 훈훈한 사랑의 메시지가 전해져 온다.

자그만 냉장고 안에는 적포도주와 몇 가지 과일안주까지 깔끔하게 준비돼 있었다. 누가 이렇듯 정감 있는 배려를 해줄 것인가. 안다는 것과 사랑한다는 것. 아틀라스처럼 무거운 하늘을 머리에 이고 끝없이 이어지는 삶의 고리에서 잠시 놓여나 여름 끝자락에서 며칠간의 여행을 시도한 길손들에게 수도사의 따뜻한 정이 어느 때보다 감미롭게 마음을 파고든다.

출렁이는 해변으로 이어진 동해고속도로는 파도가 허연 이빨을 드러내고 끝없이 철썩이고 있었다. 세찬 폭우로 짙은 해무 속에 들렀던 '망양휴게소'의 기억. 넓은 창 너머로 가득 펼쳐진 망망대해는 일상의 자잘한 고뇌를 모두 내려놓으라고 끊임없는 바다의 언어를 세차게 전하고 있었다. 이 나라에 이토록 아름다운 휴게소가 또 있었던가. 강원도 최북단 고성에서 속초, 양양, 강릉, 동해를 잇는 동해안의 해안절경을 '낭만가도'라 정한 이치를 알 것도 같았다.

안개 속에 묻힌 첩첩산중 수도원의 새벽은 신성한 기운이 감돌고 있었다. 파르스름하게 밝아오는 여명 속에서 수도사들과 함께 바치는 성무일도는 경건했다. 너희가 세상에서 무엇을 하며 살았건, 어떻게 살았건 하는 물음표는 존재하지 않았다. 지금 현재 오로지 삶을 바라보는 현존이 있을 뿐.

주방에서는 수도사들이 앞치마를 한 채 손님들을 위해 계란프라이를 하고 있었다. 침묵의 식탁에 흐르는 잔잔한 음악. 다만 식기와 스푼이 부딪는 소리만 간간이 들릴 뿐, 솔베이지송의 음률 가운데서 천상의 행복이 일렁인다. 웃고 떠들고 미워하고 증오하며 살았던 세상의 온갖 희비가 한갓 꿈속의 그림자처럼 멀어지는 시간이다.

공항의 이별처럼 '나를 찾지 마세요.' 하는 꼬리표를 단 것은 아니었다. 매였던 일상을 떠나 존재감의 자유를 찾아 떠난 네 여인네는 양양에서 홍천까지 '뱃재고개'를 넘었다. 안개 자욱한 해발 천 미터의 고갯길은 한 치 앞도 보이지 않아 운전길이 쉽지 않았다.

그렇게 세 시간을 더듬어 아미산자락에 엎드린 안젤라 댁에 도착한 것은 저녁 해가 넘어갈 무렵이었다. 수도원에서 홍천까지의 이동시간은 한 시간이면 족하다 했는데 내비게이션만 믿은 초행길의 더듬이가 험한 산 고개를 넘게 한 것이었다. 지독한 안개의 미망 속에서 벗어났을 때야 비로소 산속 기와집이 나타나준 것이다.

강원도 산골엔 이미 서늘한 가을이 와 있었다. 밤이 이슥해지자 주인장이 넓은 흙 마당에다 멍석을 깔아주었다. 도회에서 묻은 세상의 비루한 속진들을 훌훌 털어버리라는 말없는 배려였던 것인지도 몰랐다.

저리도 무수한 밤하늘의 별을 누워서 바라본 적이 언제였던가. 밤이 깊을수록 초롱초롱 별무리가 많아짐은 어둠의 명암 때문일까. 하늘 가득 은하수였다. 자연의 신비 속에 적막과 고요가 온 우주를 감싸고돌았다. 풀벌레 소리는 가을의 우수를 더하고, 가

마솥에선 옥수수 익는 구수한 냄새가 높다란 굴뚝 연기로 피어오르고 있었다. 강원도의 향기였다.

  나는 넓은 짚방석에 팔베개를 하고 누워서 깊은 심호흡을 했다. 밤은 점점 무르익어 갔고, 그렇게 검은 어둠의 정적 속에서 오래도록 말없이 무상무념으로 누워 있었다. 우주와 내가 하나였고 어둠의 대기는 오랜만에 나를 푸근히 껴안아주고 있었다. 어릴 적, 달빛 아래서 논두렁을 걷고 있을 때 하늘의 새하얀 달빛이 자꾸만 나를 따라오던 그때처럼 그저 마음 가득한 포만감만이 나를 감싸고돌았다.

  살면서 누구나 존재의 자유를 갈망한다. 원초적인 실존의 무게감은 잊은 채 아내, 엄마, 무언가의 이름으로 사는 동안 머리엔 이미 흰 서리가 내렸다. 늦게서야 부재했던 존재감의 이름을 찾아 떠난 강원도 여행은 또 다른 삶의 활력을 충전하는 계기가 되기에 충분했다.

  하루만 묵고 오기엔 너무 아쉬운 걸음, 일행은 예정을 벗어나 거기서 이틀을 묵었다. 아이들처럼 들판을 헤집으며 붉은 수수밭과 옥수숫대 사이를 걸어 물레방아도 만나고 실뱀을 만나기도 했다. 졸졸 흐르는 시냇물 바위틈에서는 발을 담그기도 하며 동심을 이야기했다. 돌아올 때 홍천댁 안젤라는 굵고 싱싱한 감자 한 박스를 말없이 트렁크에 실어주었다. 마치 친정엄마처럼. 그렇게 또 하나의 여름이 지나가고 있었다.

[연보]

- 1947년 경남 양산 출생
- 1970년 경상남도청 근무
- 1976년 결혼
- 1999년 《수필과비평》으로 등단
- 2000년 부산문인협회 회원
- 2000년 기행수필 〈순례의 여정〉 발간
- 2001년 한국문인협회 회원
- 2001년 부산가톨릭문인협회 회원
- 2004년 수필집 《홀로 우는 바람소리》 발간 (수필과비평사)
- 2007년 수필집 《사랑에 죽다》 발간 (세종출판사)
- 2009년 부산가톨릭문인협회 회장 역임
- 2009년 부산평화방송 시청자위원 (2013년까지 4년간 역임)
- 2009년 부산교구 주보지 '가톨릭부산' '누룩' 난 연재
- 2009년 부산수필문인협회 회원
- 2010년 제10회 '수필과비평문학상' 수상
- 2011년 부산수필문인협회 이사
- 2011년 한국문인협회(이사장 정종명) 문단윤리위원 선임
- 2011년 제4수필집 《마라 강과 가브 강》 발간
- 2011년 한국문인협회 '병영문학상' 심사

- 2011년 수필집 《마라 강과 가브 강》으로
           제1회 '부산수필문학토론회' 개최
- 2011년 제8회 '부산가톨릭문학상' 수상
- 2012년 효원수필문학회 수필 강의
- 2012년 '기록사랑 전국백일장' 심사 (주최. 행정안전부)
- 2012년 수필부산문학회 회원
- 2013년 부산문인협회 자문위원 선임
- 2013년 '부산가톨릭문학창작교실' 수필 강의 (6회)
- 2013년 전국청소년문학콘테스트 심사 (경상대학교)
- 2013년 평화신문 '나의 묵주기도이야기' 집필
- 2013년 부산수필문인협회 '올해의 작품상' 수상
- 2015년 계간지 《에세이 21》 봄호 필진으로 2009년부터 7년간 게재
- 2015년 한국문인협회(이사장 문효치) 문단윤리위원으로 재선임
- 2015년 수필부산문학회 부회장

현대수필가 100인선 Ⅲ - **20** 김양희 수필선
그대의 흰 손

초판 인쇄 2015년 8월 15일
초판 발행 2015년 8월 25일

지은이 김양희
펴낸이 서정환
펴낸곳 수필과비평사 · 좋은수필사
주소 서울시 종로구 삼일대로 32길 36(익선동 30-6 운현신화타워 빌딩) 305호
전화 (02) 3675-5635, (063) 275-4000 · 0484 팩스 (063) 274-3131
이메일 sina321@hanmail.net essay321@hanmail.net
출판등록 제 300-2013-133호
인쇄 · 제본 신아출판사

저작권자 ⓒ 2014, 김양희
이 책의 저작권은 저자에게 있습니다 서면에 의한 저자의 허락없이 내용의
일부를 인용하거나 발췌하는 것을 금합니다

저자와 협의, 인지는 생략합니다
잘못된 책은 바꿔 드립니다

ISBN 979-11-85796-87-1 04810
ISBN 979-11-85796-15-4 (전100권)

값 7,000원

> 이 도서의 국립중앙도서관 출판시도서목록(CIP)은 서지정보유통지원시스템 홈페이지
> (http://seojinl.go.kr)와 국가자료공동목록시스템(http://www.nl.go.kr/kolisnet)에서 이용하실
> 수 있습니다(CIP제어번호: 2015022582)

Printed in KOREA